# 书灯下的流年

陈　武｜著

中国书籍出版社
China Book Press

**图书在版编目（CIP）数据**

书灯下的流年 / 陈武著 . — 北京 : 中国书籍出版社，2020.8

ISBN 978-7-5068-7955-2

Ⅰ . ①书… Ⅱ . ①陈… Ⅲ . ①读书笔记—中国—现代 Ⅳ . ① G792

中国版本图书馆 CIP 数据核字 (2020) 第 155627 号

**书灯下的流年**

陈 武 著

**图书策划** 成晓春 崔付建

**责任编辑** 成晓春

**责任印制** 孙马飞 马 芝

**出版发行** 中国书籍出版社

**地 址** 北京市丰台区三路居路 97 号（邮编：100073）

**电 话** （010）52257143（总编室）（010）52257140（发行部）

**电子邮箱** eo@chinabp.com.cn

**经 销** 全国新华书店

**印 刷** 三河市华东印刷有限公司

**开 本** 880 毫米 ×1230 毫米 1/32

**字 数** 220 千字

**印 张** 7.25

**版 次** 2021 年 1 月第 1 版 2021 年 1 月第 1 次印刷

**书 号** ISBN 978-7-5068-7955-2

**定 价** 45.00 元

# 目　录

## 卷上·流年书影中

## 卷下·南窗书灯下

# 卷上·流年书影中

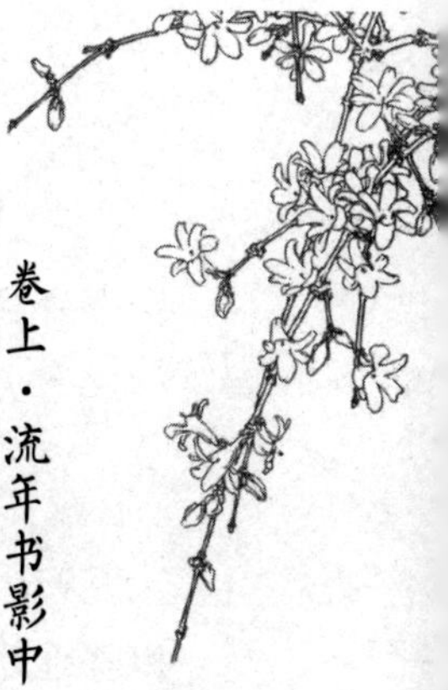

# 俞平伯和叶圣陶

在20世纪二三十年代，有许多性格相近、志趣相投、气息相通的文化人，在多年的文事交往中，成了好朋友。比如以沈雁冰、郑振铎为代表的文学研究会同仁，比如徐志摩、梁实秋、胡适等人，也比如巴金和沈从文、曹禺等人，他们不仅是朋友，许多文学观、思想观也是相近的，至少能够互相理解。巴金在《怀念从文》中说："我和从文见面是在一九三二年……南京《创作月刊》的主编汪曼铎来上海组稿，一天中午请我在一家俄国西菜社吃中饭，除了我还有一位客人，就是从青岛来的沈从文。"他们二人从一相识，就惺惺相惜，"谈得很融洽"，成了朋友。吃完饭的当天，巴金还到沈从文所住的一品香旅社坐了一会儿，并陪沈从文到巴金认识的一个出版家那里卖了一部小说稿子，"就是那本《虎雏》"。此后，他们虽历经各种磨难，依然成为一辈子的好友。

因性格和志趣相投成为终生好友的还有俞平伯、朱自清、叶圣陶等人，他们的交往也堪称楷模。俞、朱、叶，包括王伯祥、夏丏尊、顾颉刚、丰子恺等人形成的群体，大都性情平和、温厚、笃实，做事踏实、勤奋、认真，不以投机奸巧取胜，所以友谊能够贯穿很久。

俞平伯是在北京大学读书时，于 1917 年 9 月与顾颉刚相识的。在 1920 年 9 月间，又和朱自清在杭州一师相识。朱自清和叶圣陶相识是在上海的中国公学，时间是 1921 年 7 月。而叶圣陶和顾颉刚、王伯祥等人早在苏州小学读书时就是同学。顾颉刚在北大求学时，叶圣陶帮顾颉刚收集过童谣，而顾颉刚还介绍叶圣陶在《新潮》上发表小说。俞平伯应该在这时候就知道叶圣陶的大名了，毕竟俞平伯是“新潮社”的骨干成员，想必也读过叶圣陶的小说和其他文章。

俞平伯和叶圣陶虽都是苏州人，但由于求学路径不同，生活环境也不一样，直到 20 世纪 20 年代初才见面相识。那么，具体是哪年哪月呢？

让我们来回忆一下 1921 年夏天二人的生活轨迹：

1921 年 7 月 12 日，俞平伯从北京到上海，在上海勾留的时候，对上海的种种现象产生了厌恶感，觉得这是一个堕落的社会，深感痛苦和失望，完全打破了他少年记忆里对上海的好印象。

俞平伯曾在 1911 年因躲避战乱，和家人来上海小住，先随外祖父住在导达里，后又住舢板厂小楼，前后一年有余。少年记忆里的上海，自然和青年时候是不一样的。那时候俞平伯以读书学习为主，古文、数学、英语各科都学，还要填词作赋，偶尔随大人出去玩玩，满眼都是好奇，满眼都是景色。加上清王朝刚刚覆灭，新事物更是如雨后春笋般层出不穷，自然觉得好了。多年后他作了几首诗，其中有这样的句子：“从此神州事事新，再无皇帝管平民。”“烦恼青丝今尽剪，光头吃肉最逍遥。”后来他也数次来过上海，或转道，或访友，都是匆匆过客。比如1920年年初他去英国留学时，便是从上海登的船，还写一篇《一星期在上海的感想》发表在《新潮》上。当然，这篇“感想”不是对上海的感想，而是在上海候船时对“五四”以来各种“新运动”的感想。俞平伯从英国回来也是取道上海登陆回杭州的。在杭州闲住的几个月中，也数次去上海，比如1920年8月3日去法租界环龙路渔阳里二号访老师陈独秀，10月2日去上海北四川路伊文思书馆取书，等等。俞平伯多次的上海之行，为什么独独1921年7月12日的这次上海之行的所见所闻改变了自己对上海的印象呢？我们可以简单梳理一下，找一找这种变化的来龙去脉。

在这短短一年里（1920年夏至1921年夏），俞平伯照例是新诗、旧诗双管齐下，随笔、文论时有发表，如新诗《绍兴西郭门头的半夜》《送缉斋》《潮歌》《题在绍兴柯岩照的相片》《乐观》《无名的哀诗》《腊梅和山茶》《太湖放歌》《哭声》《黄鹄》《风尘》《春里人的寂寥》等二三十首，旧诗有《游皋亭山杂诗》六首，文论有《做诗的一点经验》《现行婚制底片面批评》《诗底自由和普遍》《重来者底悲哀》《秋蝉的辩解》等多篇。这些新诗和文论大都发表在当时很有影响的杂志《新青年》和《新潮》上，不仅大大提升了俞平伯的知名度，也同时增加了他的责任感。有些诗文锋芒毕露，比如新诗《俳谐愤言》和随笔《重来者底悲哀》。前者揭露统治者杀人分赃、作恶多端而又口称“博施慈善、高谈道德、掩人之耳、蔽人之目”的伪善嘴脸；后者抒发了重来北京后对社会生活的不满。他分析说：“我们处置现今中国社会问题底方法‘途辙’，决不能整抄别人的文章来算自己的。”认为知识的缺乏，是现今中国社会的流行病，他呼吁，“路程无论如何困难，代价无论如何巨大，我总觉得社会改造底事业不可再缓了”。对周作人批评新诗的文章(《新诗》，发表在1921年6月9日《晨报》上，署名子严)，他不同意周氏的观点，并没有顾及老师的情面默不做声，而是著文和老师辩解。周氏的文章说："现在的新诗坛，真可以说消沉极了。几个老诗人不知怎的都像晚秋的蝉一样，不大作声，而且叫时声音也很微弱，仿佛在表明盛时过去，艺术生活的弹丸，已经向着老衰之坂了。新进新人，也不见得有人出来……所以大家辛辛苦苦开辟出来的新诗田，却半途而废地荒芜了，让一班闲人拿去放牛。"周作人这番言论，引起了俞平伯的思索，他说："我们很相信天才是无限的，只让他好好的发挥出来，便将自然地涌现出诗国底花都了。前路的艰难，即使有人试过了，我们也不希望他拿这些话来短少年诗人底勇气。"

解读俞平伯的部分诗文，不难看出，他已经走出了书斋，开始认真审察和思考社会人生了。之所以有此变化，和当时大的趋势不无关系。从1920年秋冬开始，还在北京铁路管理学校读书的郑振铎开始筹划"文学研究会"，同年12月4日，在北京万宝盖胡同耿济之家开会，讨论并通过了郑氏起草的《文学研究会简章》和周作人起草的《文学研究会宣言》，决定以周作人、朱希祖、蒋百里、郑振铎、耿济之、瞿世英、郭绍虞、孙伏园、沈雁冰、叶圣陶、许地山、王统照等十二人为发起人，并且在当月13日《晨报》发表了"简章"和"宣言"。"宣言"认为："将文艺当作高兴时的游戏或失意时的消遣的时候，现在已经过去了。我们相信文学是一种工作；治文学的人也当以这事为他终身的事业，正同劳农一样。""简章"和"宣言"后又于1921年1月1日发表在《新青年》第8卷第5期上和1月10日出版的《小说月报》第12卷第1期上。这样一个重大事件，自然引起俞平伯的关注了，特别是老师周作人起草的"宣言"。而那一期的《新青年》上，也发表了俞平伯的一首新诗《潮歌》。郑振铎于1921年春到达上海。不久，叶圣陶也到上海和郑氏见面，这是二人第一次见面。也是在这个时间段里，经郑振铎介绍，俞平伯也参加了文学研究会，成为文学研究会早期的骨干会员之一。后来，俞平伯也有多篇诗文发表在文学研究会的杂志《小说月报》上。

所以，俞平伯1921年7月12日的上海之行，对于上海的花花世界，自然有了自己的思考并产生自己的思想了。他回杭州后，经过多天的发酵，仿效在北京写作的随笔《重来者底悲哀》，又写了一篇同题随笔，着重谈了重来上海后，对上海所观所感的痛苦和失望。

几乎在同一时期，叶圣陶也开始人生中的一次转折，即1921年下半年中国公学的风潮。

叶圣陶从1917年春开始，一直在苏州甪直镇“五高”任教。和叶圣陶同事的有王伯祥等好友。而叶圣陶的创作，也是始于“五高”。顾颉刚在叶圣陶的小说集《隔膜》的“序言”里说：“民国七年（1918年）间，《新青年》杂志提倡国语文学极有力量。但那时新体小说只有译文，没有创作。圣陶禁不住了，当《新潮》杂志出版时，他就草了一篇《一生》寄去，随后又陆续做了好几篇。可喜《新潮》是从事创作的，还有汪缉斋、俞平伯诸君，一期总有二三篇，和圣陶的文字，竟造了创作的风气……”此后，叶圣陶创作一发而不可收，特别是白话小说，引起鲁迅、茅盾等人的注意，到了1921年初文学研究会成立之时，叶圣陶已经在全国创作界形成了自己的影响了，成为文学研究会的发起人之一。这年的5月30日，他在致顾颉刚的信中说：“我有一种空想，人与人的隔膜不是自然的，不可破的。我没有什么理由，只是一种信念罢了。这一层隔膜，是有所谓而遮盖着的；待到不必需要的时候，大家自然会赤裸裸地相见。到时，各人相见以心不是相见以貌。我没有别的能力，单想从小说里略微将此义与人以暗示。”这段话，可以说是叶圣陶早期创作思想的基本反映，这段时期的许多篇小说可以说都是写那个时代人与人之间的关系难以调和的陌生感的。也是在这年的暑假期间，应上海中国公学代理校长张东荪和中学部主任舒新城的邀请，叶圣陶告别“五高”，到中国公学国文部教国文。约一个月后，朱自清也从扬州来中国公学中学部任教。在这里，叶圣陶和朱自清、刘延陵、吴有训、周予同等初相识并成为好友。由于他们平时除了搞好教学外，还喜欢讨论新文学，并在新文学创作上都取得了可喜的成就，引起学校老派教员的不满，从而引起了学校针对以叶圣陶、朱自清等为首的新派教员的风潮。风潮持续了一个多月，叶圣陶、朱自清等人针锋相对，和老派教员们展开斗争。直到 1921 年 10 月 24 日，胡适到校做了调解，风潮才告结束。胡适在其日记中说：“四时，到水榭，赴中国公学同学会。上海中国公学此次有风潮，赶去张东荪，内容甚复杂；而旧人把持学校，攻击新人，自是一个重要原因。这班旧人乃想抬出北京的旧同学，拉我出来做招牌，岂非大笑话！”又说：“他们攻击新教员，如叶圣陶、朱自清，都是很好的人。这种学校，这种学生，不如解散了为妙！”而事实上，他们也都辞了职，叶圣陶回到苏州角直的家中，朱自清继续到浙江一师任教。

“风潮”并未影响他们对创作的热情，在避居上海的一个月中，他们积极筹备《诗》月刊，并刊登了出版广告。事实上，俞平伯也参与了办刊，朱自清在《中国新文学大系诗集〈导言〉》里说：“《诗》月刊怕早被人忘了。这是刘延陵、俞平伯、圣陶和我几个人办的……”实际上，主要负责的是叶圣陶和刘延陵。俞平伯在《五四忆往——谈〈诗〉杂志》里也证实叶、刘出力最多，而他事实上只是一个投稿者。

也是这年的10月，俞平伯因要去美国留学并考察教育，辞去了浙江第一师范学校的教员职务。正是因为这个空缺，校方委托朱自清邀请叶圣陶到一师任教。叶圣陶欣然同意，并于11月初前往。本来校方分给他单独一间宿舍，但叶圣陶为了方便创作，方便研讨，二人搬到一室联床居住，并将另一间宿舍当成二人共同的书房。朱自清有诗云："西风冷庸何伤，水色山光足彷徉。归来一室对短床，上下古今与翱翔。"

正是在叶圣陶和朱自清共同研讨创作、共同游览西湖的美好岁月中，和赋闲（准备赴美）的俞平伯有了交往。俞平伯在1921年10月28日创作的《诗底进化的还原论》，就发表在次年1月15日《诗》月刊的创刊号上，同时发表的，还有新诗《小劫》《归路》等十六首诗，而且非常醒目地排在卷首。在《诗》第一卷第二期上还发表了俞平伯的新诗《打铁》《一勺水啊》《引诱》《将别》《山东底晓》《两年之后》等多首。俞平伯当时常常奔波于北京和杭州之间（父母住在北京老君堂，小家在杭州），又因为要筹备赴美的相关事宜，所以和叶圣陶、朱自清等相聚时间也许并不多，最真实的记录是，叶圣陶、朱自清、许宝驹为俞平伯赴美留学送行时拍的照片。

学期一结束，叶圣陶辞去一师教职，到苏州居住一段时间，还把《诗》月刊的投稿地址迁到了苏州，此后又到北京任北大预科讲师，因夫人临产，便辞职回苏州。叶圣陶在北京、苏州的时间都不长，随即又到上海神州女中任教，并举家迁到上海定居了。自此，叶圣陶的创作、事业开始进入高峰期。

同样，俞平伯受胡适的影响，也在搜集资料，正式开始研究《红楼梦》，但文学创作依然占居他主要精力，而且硕果累累。俞平伯能有如此多的时间专注于研究和创作，主要是这一时期他的美国之行，受到了香港罢工的影响，进而延迟赴美时间。既然是公派赴美，又因不可抗拒之因推延，俞平伯应该是带薪“等待”的，这才让他没有后顾之忧地进行创作和研究。

1922年5月1日，俞平伯将一篇近作诗稿寄给叶圣陶看。这时候，他们早已是互相欣赏、惺惺相惜的好友了。叶圣陶在收到俞平伯的诗稿后，认真对待，用最快的速度给俞平伯复信。俞平伯在5月6日收到叶圣陶回信后，在叶的启发下，当夜将诗稿重新写定，并命题为《如环的》。5月11日又作诗序，诗和序发表在当年7月1日《时事新报·文学旬刊》第42期（该诗在收入《西还》时，将序删去）。

1922年5月下旬，俞平伯去苏州访友，和此时住在苏州的王伯祥、叶圣陶等人谈文论事，少不了说到叶圣陶的小说和《诗》月刊，还有他们共同关心的刊物，也少不了谈论俞平伯的《红楼梦》研究。俞平伯还兴之所至地写了首新诗《方式》。5月29日上午，俞平伯和王伯祥、叶圣陶相约一起，去看望顾颉刚，在顾颉刚家饮茶聚谈。如此青年文士相聚一堂，气氛想必格外的融洽。他们性情温厚、内敛，又都在创作和研究上有共同的声气，又是苏州老乡，可以想见当时的况味是何等的雅致而随性，又是何等舒适而温馨。第二天，即30日上午，顾颉刚又邀请俞平伯、叶圣陶和王伯祥等好友一起去苏州郊外的石湖游玩。石湖风光迷人，作为苏州人，他们一定去过多次，但是四位好友结伴前往，恐怕还是第一次。这么说来，前一天的欢聚还没有尽兴，还有很多话题可说，在石湖边游边谈，心情肯定大不一样了。他们游了石佛、治平两寺。午餐过后，俞平伯要回杭州，叶圣陶、顾颉刚、王伯祥送俞平伯乘马车去火车站。就在乘马车的途中，发生了俞平伯的《红楼梦辨》手稿失而复得奇迹——俞平伯这次苏州之行，带着历时大半年写就的书稿，也有请教诸友的意思。但由于归家心切（出门时夫人已临产，并已于5月29日产下儿子润民），把一个包有书稿的蓝布包袱丢失了。现在，我们虽然不知道俞平伯丢稿时失落、痛苦、绝望的心情，略想一下，也能体会，毕竟，《红楼梦辨》是他近期的心血之作。但是，十分奇异的是，一本凝聚心血之作的书稿，丢了数日之后，恰巧被俞平伯的另一个好朋友朱自清在一个旧货郎小摊上发现了，便花了一笔小钱收了下来，这才成就了中国文学史上的一段绝妙佳话——当俞平伯看到失而获得的书稿时，其心情是多么激动和欣喜啊。

在接下来的6月里，中国新文化运动以来一本重要的多人新诗合集《雪朝》，在商务印书馆出版了，八位作者分别是朱自清、周作人、俞平伯、徐玉诺、郭绍虞、叶绍钧、刘延陵、郑振铎。该书是文学研究会丛书之一，“雪朝”二字系周作人题写，郑振铎作序时，曾和叶圣陶商讨。读书收入俞平伯当年的1月5日至2月18日所作的新诗十八首，分别是：《胜利者》《山居杂诗》（四首）《愚底海》《听了胡琴之后》《断鸢》《他》《暮》《萍》《我与诗》《〈冬夜〉付印题记》《偶成两首》《春底一回头时》《薄恋》《春寒》等。收入叶圣陶新诗十五首，分别是：《悲语》《夜》《儿和影子》《感觉》《拜菩萨》《闭琐的生活》《小虎刺》《扁豆》《小鱼》《江滨》《两个孩子》《损害》《路》《不眠》《黑夜》等。诗集中的八位作者，除周作人在北京，其他人都住在南方，从他们之间的关系来看，周作人能成为合集的作者之一，可能和俞平伯、郑振铎有关。郑在北京奔走、联络文学研究会时，和周作人经常在一起论事，俞平伯更是他的学生。而俞平伯、叶圣陶、朱自清、刘延陵等人又是《诗》月刊的创办人，可见这本书也是“气味相投”的产物。郑振铎序文中对于新诗的观点，也十分符合当时白话诗的普遍认同，和他们八人的个性也十分恰当：“诗歌的声韵格律及其他种种形式上的束缚，我们要一概打破。因为情绪是不能受任何规律束缚的；一受束缚，便要消沉或变性，至少也要减少他的原来的强度。我们要求‘真率’，有什么话便说什么话，不隐匿，也不会虚冒。我们要求‘质朴’，只是把我们心里所感到的坦白无饰地表现出来，雕斫与粉饰不过是‘虚伪’的遁逃所，与‘真率’的残害者。虽然我们八个人在此所发表的诗，自己知道是很不成熟的，但总算是我们‘真率’的情绪的表现；虽不能一现时代精神，但也可以说是各个人的人格或个性的反映。”

诗集出版了，俞平伯赴美时间渐渐近了，他紧锣密鼓地把《红楼梦辨》补充、校订完备后，于7月7日自杭赴沪，准备几天后登船。巧合的是，他在车站巧遇了朱自清。二人一路同行于中午抵达了上海。下午，去美国领事馆办理了护照后，又和朱自清一起去访问郑振铎，晚上更是与叶圣陶、顾颉刚、朱自清等众多好友相聚于孟渊旅馆。原来，第二天即是文学研究会“南方会员年会”，许多南方会员从苏州、杭州赶来一起讨论会务，并为俞平伯赴美饯行。参加年会并出席饯行宴会的还有沈雁冰、沈泽民、胡愈之、周建人、刘延陵等。也是在8日这天，俞平伯把凝聚他心血之作的《红楼梦辨》最后一段文字“引论”写讫。9日下午，俞平伯在向叶圣陶、顾颉刚辞行时，将《红楼梦辨》手稿交给顾颉刚请他代觅抄写人。当晚即乘船赴美。

关于在上海几天的活动，俞平伯在1922年《国外日记——乙集》里有记载：

七日

……又偕振铎返孟渊，留一字条与颉刚、圣陶。在铎寓晚饭。闲步时遇颉、圣二兄。是夜与颉、圣、佩同住孟渊九号。

八日

同至五芳居早点。我至青年会理发。归寓又偕佩弦、圣陶至先施为康白情购物。四人在广珍园午饭，偕往一品香出席文学研究会年会，至六时聚餐。晚到长滨路徐宅适中辞行。四人至新舞台看《济公活佛》第十七本，一时半始返舍，寄京信。聚谈至二时余始睡。

九日

晨起，振铎、介泉、延陵来。赴船公司验身，又购物。下午颉刚、圣陶先别去，延陵送到新关码头别去。佩弦、振择送我到吴淞中国号船上（S. S. China），六时馀始别。挥手送远，为之惆怅。住四号舱。船七时开行。

短短的几则文字，可见俞平伯和友人的依依惜别之情。

这次赴美访学，俞平伯还开始《海外日记》的写作，并在海船上作了多首诗词、家书、名信片和致友人书信，写作《东行记游》《东游杂志》等文。《东游杂记》在《学灯》上发表时，叶圣陶还写了篇后记。

在接下来的多年交往中，二人的生活路径也发生了较大的变化，叶圣陶于1923年进入商务印书馆，在国文部当编辑，三月里就举家搬到上海闸北永兴路鸿兴坊，和在杭州的俞平伯等人一起发起组织“朴社”，从此开始他编辑家生涯。俞平伯继续在杭州、上海、北京等大学执教，在杭州、上海、北京之间奔波。1924 年与叶圣陶、朱自清成立“我们社”。“我们社”的萌发，可能是俞平伯和朱自清一起编辑出版的《我们的六月》《我们的七月》有关，还准备出版同仁刊物。1924 年 9 月，上海朴社解体，俞平伯又联络北京的北大同学成立新朴社，在上海的叶圣陶和王伯祥也是新朴社的社员，仅从这件事上，可见他们友谊之“铁”了。到了 11 月，俞平伯和叶圣陶等人被上海图书馆编辑委员会推荐为月刊名誉编辑，而俞、叶合著的作品集《剑鞘》也出版上市。这本书中，共收俞平伯的作品九篇，即《狗和褒章》《常识的文艺谈》《读〈毁灭〉》《跋〈灰色马〉译本》《桨声灯影里的秦淮河》《雪》《瓶与酒》《酒》《葺芷缭衡室札记一则》等；叶圣陶的文章十二篇，即《诗的泉源》《错过了》《如其我是个作者》《读者的话》《第一口蜜》《没有秋虫的地方》《藕与莼菜》《将离》《客语》《回过头来》《泪的徘徊》《到吴淞》等。该书是俞平伯所编的“霜枫文艺小丛书”第一辑中的第四本，由霜枫社出版，上海朴社发行，署叶绍钧、俞平伯著，书前有俞平伯写的序。

1924 年 12 月中旬，俞平伯携家眷，从杭州回到北京定居之后，开始《杂拌儿》和《燕知草》的写作，两本书稿历经三四年，边写边发表，并征寻周作人、钱玄同、朱自清等诗友的意见，不久就把先期编好的《杂拌儿》寄给上海开明书店的叶圣陶。叶圣陶收到书稿后，即投入工作，并于 1928 年 8 月将《杂拌儿》清样寄给俞平伯。清样装订十分用心，牛皮纸做封面，并在封面上写着：“八月六日校毕，先寄作者，俾知其情感思维，今成如是之式样矣。”《杂拌儿》出版后，俞平伯很满意，立即赠送给作跋的周作人和题写封面的钱玄同。由于《杂拌儿》出版成功，也为感念叶圣陶在出版、校对方面的用心，决定将

《燕知草》仍交上海开明书店出版。俞平伯在致周作人的信中希望老师再为《燕知草》作序，并感谢周作人为《杂拌儿》作的跋，认为“用处甚大，因开明方面，照例可以拿来作广告”。

俞平伯和叶圣陶的密切交往，始于20世纪20年代初，一直贯穿到叶圣陶去世。二人之间的关系，既是好友，又是文友，又是合作者，还是作者和编者的关系。比如1932年春，俞平伯收到叶圣陶3月2日从上海寄来的信，信中谈了“一·二八事变”一个月来的感想。俞平伯读了，心潮难平，将此信节录发表在1932年3月30日出版的《清华文学月刊》第2卷第4期上。俞平伯心里有什么事，也会对叶圣陶倾诉，1933年6月22日，俞平伯写信给叶圣陶，谈及在“加薪”不成后，向清华辞职，因朱自清任中文系中任，致“未便固辞”，被校方挽留，又谈及自己近况：“‘碌碌如恒，乏美足陈’，此八字近之。从前易伤感，多愤懑，近则木木，进步退步竟不了了。——殆以不了了之耶？报上的事了了者十之一二，不了了者其八九，读之闷闷。”1933年9、10月间，俞平伯南游，到上海后，于9月20日专程到开明书店访问叶圣陶。晚上，叶圣陶在家里设宴，款待俞平伯一行，叶圣陶还请徐调孚、章锡琛作陪。1934年秋天，俞平伯又在开明书店出版了《读词偶得》，在该书《缘起》里，俞平伯说：“我不想说什么开场白，但把这本小书突兀地送给读者，似乎有一点冒昧，现在先转录当年在《中学生》杂志刊载的起首两节，一字不易，以存其真。”

“当年”的《中学生》杂志正是叶圣陶主持的。俞平伯“当年”的话如下：

> 年来做了一件“低能”的事，教人作词。自己尚不懂得怎样做而去教人，一可笑也；有什么方法使人能做，二

可笑也；这个年头，也不知是什么年头——有做词的必要吗，三可笑也。积此三可笑，以某种关系只得干下去，四可笑也。于是在清华大学有“词课示例”之作。本不堪为人所见，乃住在上海的故人读而善之，且促我为本志亦撰一说词的文章。

《缘起》的最后又说：“三、四年来频频得圣陶兄的催促与鼓励，我虽几番想歇手，而居然做完上半部，譬如朝顶进香，爬到一重山头，回望来路，暗暗叫了声惭愧。开明书店今日惠然地肯来承印，也令我十分感激。”

这篇缘起的落款日期是“一九三四年九月”。

这就是他们早期的友谊。后来的情况众所周知，抗战期间，叶圣陶奔波在西南大后方，俞平伯苦居北京，二人基本上不通音讯。直到《读词偶得》1947年出版了新版之后，俞平伯还在“新版跋语”里念念不忘地说：“虽是勉强写成的一本书，但它的运气不算坏，三四年初版，经过这么长的时间，这么多的人事变迁，听说书店方面连纸版都没了，临时在冷摊上现找一本来再版，岂非侥幸乎。因既无纸版，自须完全重排，他们就给我来信，说可以删改，最宜增补，你这十年来所写说词的稿总有不少了罢？他们原该这样想着的。在我呢，却另有一点情形为海上的老友们所不知的，这十余年光景催人，到底做了些啥事，连我自己也不好意思说，是忽如一梦罢——也不，只迷糊了一忽而已。”最后又说：“与圣陶兄久不相见，他始终勉励我，离群天末之思固不可托诸鳞鸿素耳。”

此“新版跋语”落款是“一九四七年四月一日识于北平”。

直到1949年年初，为迎接新中国的诞生，叶圣陶和众多民主人士，取道解放区，于3月18来到北京，19日参加完叶剑英的招待会后，便不顾舟车劳顿，于20日到老君堂访问俞平伯夫妇。从此，二人的友谊在新的社会、新的环境里，展开了新篇章。

2015 年 10 月 2 日写于连云港河南庄寓所

## 我始识君歇浦旁

### ——朱自清和叶圣陶定交于中国公学

上海的中国公学，在20世纪初及至二三十年代可谓鼎鼎大名，陆续设有大学部、中学部和小学部，不但汇集了于右任、马君武、梁启超、陈伯平等一代名师俊杰，还有先后毕业于该校的胡适、郭纲琳、冯友兰、吴晗、何其芳等许多著名人士，沈从文也曾在该校任教并爱上在这里念书的张家三小姐张兆和，留下传世佳话。当然，还有后来任教的叶圣陶、刘延陵、朱自清等现代文学名家。校歌更是出自于右任、马君武二位元老之手，歌词曰：

众学生，勿彷徨，以尔身，为太阳，照尔祖国以尔光，尔一身，先自强。修道德，为坚垒；求知识，为快枪。

众学生，勿彷徨。尔能处之地位是大战场。尔祖父，思羲黄，尔仇敌，环尔旁。欲救尔祖国亡，尔先自强！

1921年7月，二十七岁的叶圣陶应中国公学代理校长张东苏和中学部主任舒新城的邀请，到该校中学部教国文。

此前，叶圣陶一直在苏州甪直吴县第五小学执教，和老同学王伯祥成为同事，一起成立甪直镇教育会，一起研究改革教学等问题，并和在北大读书的顾颉刚、俞平伯过从甚密，常有书信来往，还热情地帮顾颉刚收集苏州民歌，自己也开始用白话写小说。当北京大学的文学社团“新潮社”成立并创刊《新潮》杂志时，叶圣陶经顾颉刚的介绍加入了新潮社，成为不多的校外社员之一。他还积极给《新潮》投稿，发表不少文章，诗歌、散文、政论都有，特别是小说，陆续有《这也是一个人》《春游》《秋之夜》《“你的见解错了！”》《欢迎》《不快之感》《伊和他》等多部，可以说，他第一本小集《隔膜》里的大多数小说都首发在《新潮》上。一时间，叶圣陶成为名重一时的青年小说家，鲁迅在 1919 年 4 月 16 日致傅斯年的信中说：“《新潮》里的《雪夜》《这也是一个人》《是爱情还是苦痛》(起首有些小毛病)，都是好的。”后来，鲁迅在《中国新文学大系小说二集》的导言里，再次肯定了叶圣陶的创作，称他为“有更远大的发展”。

叶圣陶频频在《新潮》发表文章的这段时间里，也是新潮社成员的朱自清，此时正在北大读书，是《新潮》忠实读者，也是主要撰稿者。1920 年初夏，朱自清北京大学毕业后，在浙江一师、扬州江苏省立第八中学任教。1921 年 9 月中旬，经杭州一师时的同事、也是好友刘延陵介绍，朱自清只身从扬州前往上海，来到中国公学中学部任教员。

当时的中国公学地处吴淞口，紧挨烟波浩渺的江海结合部，风光十分美丽。在 1921 年 10 月 3 日给俞平伯的信中，朱自清对中国公学有一段细致的散文式的描写：“公学在炮台湾，离吴淞还有一站路。炮台湾是乡间地方，弥望平畴，一碧无际，间有一二小河，流经田野中，水清波细，活活底有声音，走近了才可听得，正是‘幽甜到不可说了哩!’少有人处，小鸟成群上下，见人也不惊避。黄浦江在外面日夜流着。江岸有水门汀砌成，颇美丽可走。岸近处便是黄浦与长江合流之所。烟水苍茫，天风浩荡；远远只见一条地平线弯弯地横陈着，其余便是帆影笛声，时一闻见而已。每当暮霭四合时，或月色晶莹时，临江伫立，正自令人有‘振衣千仞冈’之感。你若能来，我们皆大欢喜。”这封信带有明显的“诱惑”之意，也可见朱自清此时的心情多么的明快和爽朗。

想“诱惑”好朋友去做同事（亦或只是游玩），不仅是中国公学附近的风光好，还有一层，是他所在的中学部有好多熟人。刘延陵自不必说了。朱自清刚去不久，刘延陵就介绍他认识了叶圣陶。叶圣陶是1921年1月4日成立的文学研究会十二个发起人之一，已经在新文学创作上取得了可观的成绩。大约是这年的4月，朱自清也加入了文学研究会，入会号为五十九号。身处同一个文学社团，二人应该是互相景仰惺惺相惜了。能和叶圣陶在上海成为同事，朱自清从内心里是十分喜悦的。但二人的初一见面，却颇有意思，朱自清在《我所见的叶圣陶》里，回忆了那天见面的情形：刘延陵“和我说：‘叶圣陶也在这儿。’我们都念过圣陶的小说，所以他这样告我。我好奇地问道：‘怎样一个人?’出乎我的意外，他回答我：‘一位老先生哩。’但是延陵和我去访问圣陶的时候，我觉得他的年纪并不老，只那朴实的服色和沉默的风度与我们平日所想象的苏州少年文人叶圣陶不甚符合罢了”。

这是朱自清对叶圣陶最初的印象：服装的颜色是朴素的，风度是沉默的，而且并不老。老，当然是玩笑话了。叶圣陶和刘延陵同龄，都只比朱自清大四岁，只有二十七岁，刘用“老先生”称呼，实际上并不是说叶圣陶年龄上的老，而是敬称，指叶圣陶少年老成，做事沉稳，不急躁，有定性。而朱自清在未见之前，想象中的叶圣陶是一个写小说的风度飘逸的“苏州少年文人”。这样的“不甚符合”的反差，却让朱自清从情感上更向他靠近了。接着，朱自清是这样描述叶圣陶的：在与人独对的时候，总是要谈这谈那，愿意发表自己的观感，但在与大家聚谈的时候，不与别人辩论，更不要说面红耳赤地争执了。朱自清极为欣赏叶圣陶的性格和做派，在这段时间的相处中，少不了经常在一起喝酒聊天，谈诗说文，“谈这谈那”，就是无所不谈嘛。朱自清曾在《赠圣陶》中有这样的句子：“我始识君歇浦旁，羡君卓尔盛文章。讷讷向人锋敛芒，亲炙乃窥中所藏，小无町畦大知方，不茹柔亦不吐刚。”诗中对叶圣陶的描写可谓十分的精准，把叶圣陶藏锋、内秀的性格，还有作者对叶圣陶文章的羡慕，都清晰地跃然纸上。

作为中国公学的同事，叶圣陶只比朱自清要早来一个多月，叶对中国公学周围的环境也极为欣赏，10 月 23 日在致周启明的信中说：“今秋钧入中国公学，海浜景色，很足愉悦。江口的涛声，傍晚鲜明难描的云彩，成为每日相伴亲的伴旅。”但，叶圣陶虽然喜欢这儿的环境，身边更有投缘的朋友，毕竟家还在苏州的角直，只能每个周末回家小住。但在校时也会和朋友常去江边散步，特别是对于到校不久的朱自清，更是像大哥一样多有关照，这对于还没有完全融入同事中的朱自清，当然是求之不得的啦。朱自清除了正常的教书和给朋友写信，恐怕很多时候都和叶圣陶、刘延陵一起去江海边走走，玩玩，欣赏江潮海涛，远眺白云蓝天，藏否这几年兴起的新文学，诗作文章当然也没有少写。因为从现在的资料看，那段时间朱自清写了不少稿子，比如新诗《自从》，评论《民众文学谈》，后者发表在 10

月10日《时事新报》附刊《文学旬刊》（双十赠刊）上。该文认为，“民众文学包含两层意思：一是民众化的，即以民众的生活理想为中心的通俗化的文学，民众化外，便无文学；二是为民众的文学，即文学者所写的为民众喜闻乐见的、旨在提高改善民众知识和精神的文学。这两种文学中，所可能实现的，只有后者。”这篇文章还引起了俞平伯的不同意见，并引发了几个月的讨论。这一时期的叶圣陶也写作和发表了不少稿子，比如小说《先驱者》《饭》《义儿》《云翳》等，还有大量的新诗和戏剧。

在《我所知道的叶圣陶》中，朱自清还生动地描写了这样一个段子：叶圣陶“辛辛苦苦保存着的《晨报》副张，上面有他自己的文字的，特地从家里捎来给我看；让我随便放在一个书架上，给散失了。当他和我同时发见这件事时，他只略露惋惜的颜色，随即说：‘由他去末哉，由他去末哉！’”

就在这样的不断交往碰撞中，他们萌生了一个在中国新诗史上留下印迹的大胆计划，即编辑出版《诗》月刊。据刘延陵在多年后回忆说：“有一天下午，我们从海边回学校时，云淡风轻，不冷不热，显得比往日尤其秋高气爽。因此，我们一路上谈兴很浓；现在我也不记得怎么一来，我们便……谈到新诗，谈到当时缺少专载它们的定期刊，并且主张由我们来试办一个了。”“马上写了一封信寄给上海中华书局的经理，征求该书局为我们计划中的刊物担任印刷与发行。几天后接到回信，邀我们于某一时刻，访问该书局编辑部的左先生，谈商一切。我们如约而往，谈了一个小时就达成协议。”（刘延陵：《〈诗〉月刊影印本序》）有了这个具体的目标，几个心怀远大理想的文学青年，便不亦乐乎地分头忙碌起来。

然而，就在这时候，学校兴起了风潮。

中国公学的风潮，起因并不复杂，或者只是针对新派教员的。当时，中国公学老派教员的势力非常强大，为抵制新派教员的改革，鼓吹、煽动学生闹起了风潮。风潮的矛头直指叶圣陶、刘延陵、朱自清、常乃德等八名新派教员，并要驱逐代理校长张东荪和中学部主任舒新城。学生罢课，并捣毁办公室，声势不小。张东荪足够强硬，贴出布告，开除带头闹事的学生。学生也不示弱，撕毁布告，并指控张东荪“摧残教育”“压迫学生”。闹得不可开交时，张东荪采取极端措施，率警察驱赶闹事的学生，双方就此发生了冲突。为了表示抗议，朱自清向刘延陵提议中学部停课。朱自清担心叶圣陶未必赞成。“但是出乎我的意外，他居然赞成了！后来细想他许是有意优容我们吧；这真是老大哥的态度呢。我们的办法天然是失败了，风潮延宕下去；于是大家都住到上海来。”当时他们还起草了一份《中国公学中学部教员宣告这次风潮之因果始末》，该文正是由叶圣陶起草并发表在 10 月 21 日的《时事新报》上的，联名的八位教员除朱自清、叶绍钧（圣陶）外，还有常乃德、刘建阳、陈兼善、吴有训、刘延陵、许敦谷。一个提议停课，一个起草因果始末，可谓是精诚的合作了。在这次风潮中，朱自清和叶圣陶所显示出的共同的品格决心，让他们从泛泛之交进而成为相互欣赏的终生好友。朱自清更是从叶圣陶的“和易”中，发现了他性格中的另一面而格外敬重。“他又是个极和易的人，轻易看不见他的怒色。……他的和易出于天性，并非阅历世故，矫揉造作而成。他对于世间妥协的精神是极厌恨的。在这一月中，我看见他发过一次怒；——始终我只看见他发过一次怒——那便是对于风潮的妥协论者的蔑视。”（《我所见的叶圣陶》）

叶圣陶和朱自清住到上海后的情形怎么样呢？用朱自清的话说，“这一个月实在是我的一个很好的日子”。是啊，在避居上海的一个月里，经叶圣陶介绍，朱自清不但认识了文学研究会另一位重量级人物郑振铎，还认识了周予同等同道。更重要的是，他和叶圣陶几乎天天见面。聊文学，谈创作，继续讨论《诗》月刊并积极筹办、约稿。仅从现存的创刊号目录看，作者就有刘半农、王统照、郑振铎、郭绍虞、徐玉诺、汪静之，以及编者叶绍钧、俞平伯、刘延陵的原创诗，还有周作人、茅盾等人的译诗译文。朱自清也有《转眼》和《杂诗三首》发表，阵容可谓十分强大。也正是创刊号的份量，从第一卷第四号开始，《诗》月刊成为了文学研究会的定期刊物。

在朱自清感叹“很好的日子”的中国公学时期，他接连写出了《民众文学谈》《自从》《杂诗三首》《黑暗》等，翻译泰戈尔《源头》，还写作了散文《憎》《歌声》等，这些作品，大部分陆续发表在《诗》月刊上。叶圣陶也创作了大量的文学作品，新诗、散文、小说、童话、政论等，可谓全面发展。新诗有《小虎刺》《扁豆》《杂诗》《两个孩子》《损害》《失望》等，小说有《先驱者》《脆弱的心》《饭》《义儿》《云翳》等，童话有《小白船》《傻子》《燕子》等。

如果说“风潮”在一个层面上给叶圣陶、朱自清这批年轻的教师一点经验的话，风潮期间的重要收获，就是酝酿的《诗》月刊的编辑出版，给他们提供了编辑、出版、发行方面的经验和积累，却是当事人料想不到的。

当然，这次风潮还有后话，就是邵力子和胡适之都说了公道话。邵力子这位民国元老在 10 月 24 日《民国日报》发表《中国公学风潮平议》一文善意地提醒八位教员想一想“‘君子爱人以德’的古训”，似乎有偏向学生一方的意思。胡适在自己的日记里则说：“上海中国公学此次有风潮，赶去张东荪，内容甚复杂；而旧人把持学校，攻击新人，自是一个重要原因……

他们攻击去的新教员，如叶圣陶，如朱自清，都是很好的人。这种学校，这种学生，不如解散了为妙！”胡适的话更偏向于新派老师。

我比较赞同胡适先生的话，因为青年教师在校时间都不长，叶圣陶两三个月，朱自清满打满算也就才两个月，还要扣除停课一个月，在短暂的任教中，会出现什么问题？胡适用“甚复杂”一笔带过，又肯定朱、叶是“很好的人”，可见不是因为教学方式不同，主要还是“旧人”容不得“新人”的顽固思想在作祟。

2009 年暑假开始，我因事在上海住了几个月，在九月末的初秋时节，应朋友之约，驱车去吴淞炮台湿地公园游玩。从地理位置上看，这里离中国公学旧址应该不远，而湿地公园就是当年叶圣陶、朱自清、刘延陵共同散步的江海交汇之处。林子很大，树种有水杉和香樟，都是人工新植的多，一条条弯弯曲曲的柏油路在林中绕来绕去。浓荫中隐藏着一块块水塘和河泽，清澈的水面上飘着少许的植物。林子里有许多鸟，旁若无人地在茂密的枝叶间跳来跳去。林中有栈道，湿地上也有栈道，走在栈道上，可以近距离地观看花草树木。江边还有挡浪的气势宏伟的水泥大堤。吴淞口外的长江是江海交汇之处，岸边有一簇簇的芦苇，芦苇上方有成群的海鸥飞翔。从这里眺望，真是“烟水苍茫，天风浩荡”，十分震撼。难怪当年年轻的叶圣陶、朱自清、刘延陵会被这里的自然景观所感动，诗情大发，激发了创作的灵感，萌生了办刊的冲动。

2014 年 12 月 16 日于北京五里桥

## 击桨联床共曦月

### ——叶圣陶和朱自清在浙江一师

还是在中国公学风潮期间，年轻的叶圣陶和朱自清就应邀担任了浙江一师晨光文学社的顾问。邀请他们的是一师学生汪静之和潘漠华。汪静之在《自传》里披露说，1921 年下半年，是他和潘漠华，邀魏金枝、赵平福（柔石）、冯雪峰等同学和杭州其他几个中学的学生成立了这个较早的文学社团。社员还有应修人等二三十人。社员中，汪静之和潘漠华已经在一些报刊上发表了新诗作品。叶圣陶和朱自清都是少年成名，能够被他们邀请，足见叶、朱二人的文学作品在青年人当中的号召力了。

1921 年 11 月 18 日傍晚时分，一列沪杭客车上，朱自清临窗而坐，听着咣咣当当的车轮声，看窗外萧条的田野阡陌、冷落的河岔湖泊、苍茫的远天暮云、一闪而过的竹园孤树，还有晚归的昏鸦，回顾和叶圣陶在中国公学共事的两个月的风风雨雨，有旧友相逢的喜悦，有初交新知的激动，也有“风潮”喧哗的郁闷。朱自清内心的诗情悄悄涌动着，禁不住写下了一首《沪杭道上的暮》。诗很短，只有四句：

风澹荡，
平原正莽莽，
云树苍茫，苍茫；
暮到离人心上。

尽管诗人即将到他熟悉的学校，即将见到更多的朋友，但中国公学的风潮毕竟不是什么光彩而得意的事，而且新交的好友叶圣陶没有和他一同前往，也令他不快。诗中，作者毫不保留地表达了忧郁不快的惆怅情绪，那昏沉的暮云沉沉地压在心头，如莽莽荒原上秋风过处的一片凄凉。

杭州到了，浙江一师的同学们热情地欢迎了他，特别是晨光文学社的社员们，见到了他们的顾问、导师，其激动和喜悦之情自不待言。据冯雪峰回忆说：晨光文学社的活动很多，“常常是在星期日到西湖西泠印社和三潭印月等处聚会，一边喝茶，一边相互观摩各人的习作，有时也讨论国内外的文学名著；出版过作为《浙江日报》的副刊之一的《晨光》文学周刊，发表的大都是社员的作品”。“尤其是朱先生是我们从事文学习作的热烈的鼓舞者，同时也是‘晨光社’的领导者。”

更让人喜出望外的是，一师教师俞平伯因为要赴美留学而辞去了教职，校长马叙伦立即找到刚刚到校的朱自清，委托他礼请叶圣陶到一师任教。朱自清立即写信相邀。叶圣陶也回信接受聘任，叶圣陶的信中还展望了见面后的计划：“我们要痛痛快快游西湖，不管这是冬天。”据朱自清在散文《我所知道的叶圣陶》中披露，“他来了，教我上车站去接。”朱自清知道叶圣陶的“家实在太好了，他的衣着，一向都是家里管。我常想，他好像一个小孩子；像小孩子的天真，也像小孩子的离不开家里人。必须离开家里人时，他也得找些熟朋友伴着；孤独在他简直是有些可怕的”。而且朱自清还知道，叶圣陶在“车站这一类地方，是会觉得寂寞的”。接站时的情形，少不得二人热情诉说小别十余天来的情形，小酌一杯更是少不了的。叶圣陶爱喝，经常喝一碗黄酒佐餐，遇到心仪的好友，就是喝至微熏也是有可能的，更何况杭帮菜又很合朱、叶二人的口味呢？打几斤老酒，弄几碟下酒的小菜，一边呷着老酒，一边诉说分别以来的挂念，讨论各自新做的文章，问问相熟的朋友，就是相互关心对方的家庭孩子也是在情理之中的。

叶圣陶到了一师，是不是接替俞平伯的课程不太清楚。叶圣陶和朱自清同室而卧，共用一间书房，是叶圣陶提议的——学校本来单独分给叶圣陶一间宿舍。由于在中国公学风潮中建立的感情，也由于想有更多的相聊甚欢的机会，叶圣陶提议把两个人的宿舍做一个整合，把朱自清的那间做两人共用的书房，把自己的那间做二人的起居室。朱自清欣然同意。想必两人的宿舍相距很近，抑或就是门挨着门，从书房到宿舍，从宿舍到书房，来往都很方便。从此之后，新文学史上的两位重要人物便开始了一段同室共眠、同室写作、同室畅怀深谈的难忘岁月。

杭州气候温润，有好茶好水、好山好湖，更有美食佳酿，二人或在安逸的校园宿舍里读书写作，谈古论今；或在柳岸西湖，弄几碟船菜，荡舟于湖中，一边小酌，一边喁喁小谈。朱自清在为俞平伯的散文集《燕知草》所作的序里说：“西湖这地方，春夏秋冬，阴晴雨雪，风晨月夜，各有各的样子，各有各的味儿，取之不竭，受用不穷；加上绵延起伏的群山，错落隐现的胜迹，足够教你流连忘返……”有这样的好景致，再和相知的好友在一起，必定有说不完的话。所以，几年以后，叶圣陶到上海工作，在《记佩弦来沪》一文中，对自己巴望朱自清来上海，而来了又一时无话可说深感“自责”，这种自责当然不是因为无话可说，而是有一肚子话不知从何说起的缘由了。请自："佩弦来了，一遇于菜馆，再遇于郑家，三是他来我家，四呢，就是送他到车站了。什么也没有谈，更说不到'细'……也颇提示自己，要赶快开个谈话的端。然后端既没有，短短的时光又如影子那样移去无痕，于是若有所失地又'天各一方'了。"其实这是友谊到一定份上的更深的情感，好比"此时无话胜有话"。接着，叶圣陶对杭州的那段难忘岁月，有这样的记录和议论：

晤谈的愉悦从哪里发生的呢？不在所谈的材料精微或重大，不在究极到底而得到结论，而在抒发的随意如闲云之自在，印证的密合如呼吸之相通，如佩弦所说的"促膝谈心，随兴之所至"。能说多少，要说多少，以及愿意怎样说，完全在自己手里，丝毫不受外力牵掣。这当儿，名誉的心是没有的，利益的心是没有的，只为着表出内心而说话，说其所不得不说。在这样的进程中只觉得共同找到胜境似的，愉悦也是共同的。那一年岁尽日晚间，与佩弦同在杭州，彼此都不肯休息，电灯熄了，点起白蜡烛来，上床躺着还是谈。后来佩弦说一首小诗作成了，就念给我听；除夜的两支摇摇的白烛光里，我眼睁睁瞅着，一九二一年轻轻地踅过去了。

叶圣陶和朱自清的性格都偏向内敛，但却是"能说多少，要说多少"。朱自清在《我所知道的叶圣陶》里，也有杭州这段生活的诗意般的描述：

我自然也乐意，我们不时到西湖边去；有时下湖，有时只喝喝酒。在校时各据一桌，我只预备功课，他却老是写小说和童话。初到时，学校当局来看过他。第二天，我问他，“要不要去看看他们？”他皱眉道：“一定要去么？等一天吧。”后来始终没有去。他是最反对形式主义的。

那时他小说的材料，是旧日的储积；童话的材料有时却是片刻的感兴。如《稻草人》中《大喉咙》一篇便是。那天早上，我们都醒在床上，听见工厂的汽笛；他便说：“今天又有一篇了，我已经想好了，来的真快呵。”那篇的艺术很巧，谁想他只是片刻的构思呢！他写文字时，往往拈笔伸纸，便手不停挥地写下去，开始及中间，停笔踌躇时绝少。他的稿子极清楚，每页至多只有三五个涂改的字。他说他从来是这样的。每篇写毕，我自然先睹为快；他往往称述结尾的适宜，他说对于结尾是有些把握的。看完，他立即封寄《小说月报》；照例用平信寄。我总劝他挂号；但他说：“我老是这样的。”他在杭州不过两个月，写的真不少，教人羡慕不已。《火灾》里从《饭》起到《风潮》这七篇，还有《稻草人》中一部分，都是那时我亲眼看他写的。

看来，叶圣陶提议的“同室而卧”收到了显著的效果。叶圣陶短篇小说和童话里的许多重要篇章，都是出自这一时期，可谓大获丰收，可见这一时期叶的心情之好，文思之清晰。到了 1922 年 2 月，叶圣陶应北京大学蔡元培和中文系主任马裕藻的聘请，任北京大学预科讲师，主讲作文课，和他的创作成果不无关系。但在和朱自清同室共眠这一时期的大丰收，无疑增加了他到北大任教的资本。朱自清同样也创作颇丰，新诗《挽歌》《星火》《静》《睁眼》《除夜》，评论《民众文学的讨论》

等，也出自这一时期。

在创作上相互促进，在学问上不断精深，游玩也必不可少。1921 年 12 月 14 日，叶圣陶和朱自清、伯唐兴致勃勃地夜游了西湖。这一天正是农历的十一月十六日，湖静，月圆，一叶小舟，轻荡在西湖里，月华如银，软波轻漾，朦胧中的远山水墨一样洇在湖面上，湖岸上灯火点点，树影婆娑，叶圣陶触景生情，口占两句："数点星灯认渔村，淡墨轻描远黛痕。"这是朱自清在《冬天》一文中披露的。虽然只有两句，也可见当时谈得多么的投机，西湖的夜月美景，触动了诗人心里的弦，才会诗情萌发，脱口而出吧。但接下来，大家都不说话了，任由天上清冽的圆月照射在身上，任由均匀的桨声轻响在耳畔，划破这静夜的缠绵。直到伯唐"喂"了一声，大家才来了精神。眼前就是净慈寺了，船夫问要不要进去一看。这天是阿弥陀佛的生日，寺院里很热闹，当然要进去了。于是，弃舟登岸，来到寺里，诵经声，佛号声，还有木鱼铜磬声，错落地旋绕着佛殿，金身的释迦牟尼庄严而又肃穆，和湖上的轻风夜月相比，又完全是另一种情境了。这美丽的西湖夜景，必定让年轻的诗人勾留很晚方才回去，同居一室的他们，肯定又会有一番夜话的。"西湖风冷庸何伤，山色水光足徜徉。归来一室对短床，上下古今与翱翔。"这是朱自清《赠圣陶》诗里的句子。共同的兴趣，上下古今的深谈，"能说多少，要说多少……丝毫不受外力牵掣"，谈到兴浓处，"一缕愉悦的心情同时涌起，其滋味如初泡的碧螺春"。（叶圣陶《记佩弦来沪》）如此的推心置腹，让他们友谊的纽带越发的牢固了。

叶圣陶和朱自清"击桨联床共曦月"的日子虽然只有两个多月，但，在他们两人的情感深处都留下了永远也磨不去的印痕，他们各自在自己的多篇诗文中都有描写。直到五十三年后，叶圣陶还在长词《兰陵王》中情致哀怨、言未出而泪先下地回忆那段难忘的时光：

猛悲切。
往怀纷纭电掣。
西湖路、曾见恳招，击桨联床共曦月。
相逢屡间阔。
常惜、深谈易歇。
明灯座、杯劝互殷，君辄沉沉醉凝睫。
……

这首词，情绪浓烈，势大力沉，非大手笔不能为之。仿佛时空穿越一样，年轻的朱自清从记忆中走来，不仅让叶圣陶沉迷、回味不已，就是一般读者也被感染了，尤其两人“杯劝互殷”和朱自清那“沉沉醉凝睫”的神态，更是历历如在眼前。

在一师的半个学期里，叶圣陶和朱自清、刘延陵、俞平伯等人还创办了《诗》月刊。这是“五四”之后第一家专门发表新诗和新诗评论的刊物，于1922年1月15日创刊号正式面世，主编是叶圣陶和刘延陵。多年以后，朱自清在《选诗杂记》（《朱自清全集》第四卷）里说：“《诗》月刊怕早被人忘了。这是俞平伯、刘延陵、圣陶和我几个人办的；承左舜生先生的帮助，中华书局给我们印行。那时大约也销到一千外。……几个人里最热心的是延陵，他费的心思和功夫最多。”俞平伯在1959年出版的《文学知识》第5号上也撰文说：《诗》月刊“实际上负责编辑责任的是叶圣陶和刘延陵”。（《五四忆往——谈〈诗〉杂志》）当时的一师学生曹聚仁说：“朱自清、刘延陵所熏陶的文艺空气，直到后一级才开花，乃有汪静之、张维祺、潘训、冯雪峰诸兄，湖畔诗人那一伙（魏金枝兄也是一师学生，朱先生的弟子）。俞平伯先生只教了半年书，朱先生倒教了两年。”

在 1921 年年末和 1922 年年初的西子湖畔，汇聚了以叶圣陶、朱自清、俞平伯为代表的一批“五四”时期涌现出来的新文人，一时间成为了全国新文学界的亮点。

2015 年夏于北京荷边小筑

# “徘徊悲哀”和“挣扎向前”

## ——朱自清、俞平伯关于《毁灭》的讨论

白云中有我，
天风的飘飘，
深渊里有我，
伏流的滔滔；
只在青青的，青青的土泥上，
不曾印着浅浅的，隐隐约约的，我的足迹！
我流离转徙，
我流离转徙；
脚尖儿踏呀，
却踏不上自己的国土！
在风尘里老了，
在风尘里衰了，
仅存的一个懒恹恹的身子，
几堆黑簇簇的影子！
幻灭的开场，

我尽思尽想：
“亲亲的，虽渺渺的，
我的故乡——我的故乡！
回去！回去！
……

——朱自清《毁灭》

朱自清的《毁灭》可以称得上白话诗发展史上的第一首长诗。最初发表在1923年3月10日《小说月报》第14卷第3号上。王瑶在《中国新文学史稿》里评价说，这首诗是“五四以来无论在意境上和技巧上都超过当时水平的力作”。这样的评价是不过分的。

朱自清这首诗的最初萌芽，是于杭州西湖的夜游中。时间大约是在1922年6月上旬。这时候的西湖，水盈波轻，花盛草绿，蓝天上白云悠悠，湖岸边燕舞莺歌，初夏虽至，天气还不甚炎热，最适合游览，也是夜游的最好节气。朱自清那天夜游西湖，起因大概是郑振铎从上海来到杭州，俞平伯和朱自清出面接待，饮酒吃茶之后，趁兴登舟，游赏西湖夜景。这学期开始，朱自清本来是在台州六师任教，因和一师还没有脱离关系，在一师校长马叙伦的要求下和同学们的请求下，只好学期中期回来。4月26日，他从台州来杭州前，对恋恋不舍的六师学生承诺，暑假后还会到六师来任教，还会和同学们打成一片。所以这一时期的杭州，对他来说，不过是暂时的停留，和一师的学生，还有好友如俞平伯，大约没少见面，也没少聊文学，聊人生，聊世相。这次陪郑振铎夜游西湖，朱自清也不会想到，竟是一连游了三个夜晚。具体聊些什么，不得而知，但可以肯定的是，就是在这次畅游和毫无顾虑的交谈中，激发了诗人的感慨，触发了长诗《毁灭》的写作动机。朱自清深情地说："因湖上三夜的畅游，教我觉得飘飘然如轻烟，如浮云，丝毫立不定脚跟。常时颇以诱惑的纠缠为苦，而亟亟求毁灭。"（《毁灭·小序》）可见，交往和游历，特别是和心仪的朋友倾心长谈，会激发诗人内心深藏的诗情。这次游览，俞平伯也有小诗一首《倦》。俞平伯没有写出像朱自清这样的长诗来，可能是他此时正热心于《红楼梦》研究的缘故吧。能在这次夜游后诞生一首不朽的《毁灭》，已经足够了。

杭州我去过几次，好地方也跑过不少，当然也少不了到西湖去逛逛，印象最深的是西湖边上一家挨一家的茶楼。有一次，竟然也效仿古人夜游西湖，而且留下深刻印记，那便是2009年春夏之交，和朋友们在杭州玩了几天，品过了龙井，看过了九溪十八涧，有一天晚上在西湖边的一家饭店吃完饭，带着微微的酒意，去湖边散步。同行的有作家李惊涛、张亦辉、李建军，摄影家陈庆港。此时正是晚上八九点钟的样子，湖上有微风轻轻吹来，捎着湖面湿湿的水汽，拂在脸上，柔柔爽爽清新怡人。湖边有高大的绿叶树，树下是花草绿化带，紧贴着湖水。路灯的光影特别稀薄，辨别不出树木和花草的面目，只是影影绰绰的。但是，在路灯朦胧的照耀中，透过绿化带和不知何种植物的宽阔的叶，可以看到湖面上一盏盏微微的灯光，和微微光晕照射下的夜色的湖，湖里闪动的波光忽明忽暗的，待仔细一瞧，原来是一艘艘小船。船上有挑起的灯笼——便是那点点微光了。或有三两好友坐在船头，或是一对情侣相依而坐，他们都在湖面上慢吞吞地漂移；船尾的船夫，小半天才轻划橹桨，也是悄无声息般的轻，怕惊动了湖的好梦。也有的在喁喁小谈，或响起曼妙的嬉笑声。偶尔有返航的快船，从他们身边快速地穿过。

奇怪的是返航快船的船夫们划船的声音也极小，轻得几乎忽略不计，完全不像要去赶另一趟生意。我们几个人呆呆地伫立湖岸，看着浩渺的夜色下无际的湖水，任湖风在我们皮肤上轻柔滑过。远处便是城市灿烂的灯火，那里肯定人声喧哗，车水马龙。而湖里游船上的人能在城市一隅，消闲这片刻的宁静与湖光水色的曼妙，实在是难得啊。

不知怎的，我一下子穿越到了民国初期的西湖。那时候，俞平伯家住在湖楼，即俞楼，那是一幢精巧的建筑，名气太响了，是他曾祖父授课著书的地方。年轻的俞平伯能够住在这里，能够以湖山为伴，真是莫大的幸福啊。连带的，他的许多好友，郑振铎、叶圣陶，也有朱自清，才能够经常成为湖楼的座上宾，泛舟湖上，倾心长谈……

朱自清和好友一连三日的夜游，谈话想必十分的投缘，否则不会一而再再而三地流连在西湖。但依他们各自的个性，能够想像他们雅集时的形态和在小舟上畅聊的样子，或许也会有争执，或许也会有不同的感慨，气氛总之是融洽的，就像这西湖的水一样温润。就是在这样看似不经意的闲谈中，朱自清思想的火花开始跳跃、闪烁，产生了关于人生意义的思考。

《毁灭》的种子既然在西湖温润的夜色中种下了，便渐渐开始了萌芽。暑假期间，朱自清接连参加社会活动，比如 1922 年 7 月初时的一连三天。在西湖游船上，他热情参加了少年中国学会第四次会员大会，并担任大会书记，负责记录。7 月 7 日上午和俞平伯同行至上海，下午兴致勃勃去访问郑振铎；8 日参加文学研究会召开的“南方会员会”，有郑振铎、沈雁冰、叶圣陶、胡愈之等十九人，晚上在一品香聚餐，欢送俞平伯赴美考察；9 日和郑振铎、刘延陵一起去码头送别俞平伯。一直忙到 21 日，才携家眷回扬州过暑假。一连串的忙碌，没有停止他的思索，特别是在归家途中所乘的小火轮上，目睹商贩乞丐等低层民众为求生存而痛苦挣扎的情景，深有感触，写下了小诗《小舱中的现代》。他对他们深表同情，同时也对社会现状产生了疑惑。这首小诗算是《毁灭》的预热吧。

也正是在扬州的假期里，朱自清酝酿已久的《毁灭》，逐渐在脑海中形成轮廓，再经过细密的发酵后，满怀激情地开始了写作。但扬州的家里琐屑事实在太多，而且还可能有不顺心的事情，因此只写了开头，便被迫放下了。朱自清在《毁灭》小序中也有说明，“暑假回家，却写了一节”。时间真快，一晃一个假期就过去了。9月初，朱自清携家眷赴台州，继续到浙江省第六师范任教，他的随行的包袱里，便有这写了一节的《毁灭》。朱自清的学生陈中舫回忆说：朱自清刚到台州，“因为没有找到城里的住屋，所以他就在新嘉兴旅馆暂住一夜。我们约了几个朋友，趁夜去看他。……后来他摸摸他身边的袋子，打开一个小皮包，扯出一卷的稿纸给我们看，就是这篇《毁灭》的稿子。他说：‘这是我在杭州游湖后的感想，我近来觉得生命如浮云轻烟，颇以诱惑为苦，欲亟求毁灭。此诗，这里只写成两节，全首还有许多，现在没有功夫及此’”。朱自清说的是实情，一旦工作了，是极其认真的，只在课余的短暂时间，才用来思考和写作，期间，还要和文友们通信，和学生交流。陈中舫接着说：“或是凉风吹拂的清晨，或是夕阳斜睨着的傍晚，或是灯光莹莹的良夜；我们时常在他的楼上；时而质疑谈说；或是翻阅书报及一师的同学们寄来叫他批改的稿子。他又批改了我们不少的稿件，他又要编讲稿，又要看书报，所以他可以创作他自己的作品的时间很少。”（《朱自清君的〈毁灭〉》

是的，忙碌，奔波，是那一时期朱自清的“主旋律”。这样的“旋律”一直延续着，连带着催生了他的《毁灭》的写作。

俞平伯在他的散文《东游杂志》第八节中说：六月“与振铎、佩弦等泛月西湖上，欢谈未毕，继以高歌，以中夜时分，到三潭印月，步行曲桥上，时闻犬吠声；其苦乐迥不相侔。是知境无哀乐，缘情而生，情化后的景物，方是人间之趣。形之歌咏，惟此而已”。这样的“欢谈”和“歌咏”，因俞平伯要到美国留学考察而告一段落。但他一直惦记着朱自清，1922 年 10 月 28 日至 30 日，他在加拿大太平洋列车上，见窗外衰草金黄，不觉忆及“前与佩弦在吴淞言拟作一诗，名《黄金的薄暮》，恍如昨日，却又一年了”。待他 11 月回国后，即收到朱自清来信，开始讨论人生哲学和对生活的态度。朱自清在信中说：“我自今夏和兄等作湖上之游后，极感到诱惑底力量，颓废底滋味，与现代底烦恼。……我一面感到这些，一面却也感到同程度的惆怅。因惆怅而感到空虚，在还有残存的生活时所不能堪的。我不堪这个空虚，便觉飘飘然终是不成，只有转向，才可比较安心——比较能使感情平静。于是我的生活里便起了一个转机。暑假中在家，和种种铁颜的事实接触之后，更觉颓废不下去，于是便决定了我的刹那主义！……我第一要使生活底各个过程都有它独立之意义和价值。——每一刹那有每一刹那的意义和价值！……我们只需鸟瞰认明每一刹那自己的地位，极力求这一刹那里充分的发展，便是有趣味的事，便是安定的生活。”这可以说是朱自清的“顿悟”之语，“总之，平常地说，我只是在行为上主张一种日常生活的中和主义。”

“每一刹那有每一刹那的意义和价值”，这便是朱自清“颓废不下去”的顿悟所得。

我曾听过著名作家、清华大学教授格非先生的一个讲座，他在讲述托尔斯泰的《忏悔录》时，对托尔斯泰式的苦闷做了阐述。托尔斯泰认为，人生本来是无意义的。当人们意识到痛苦、衰老、死亡不可避免后，是不是就无法生活下去了呢？如何能使自己超脱尘世，并舍弃任何生存的可能性，是否只有自杀或产生自杀的念头呢？在目前的情况下，要想摆脱托尔斯泰那样的处境，大致有四种方法：一是浑浑噩噩，对于生命是罪恶和荒谬一无所知；二是寻欢作乐，因为知道了生命没有指望，便享用现有的幸福；三是使用暴力，是因为理解了生命是罪恶和荒谬之后，只有毁灭；四是无所作为，是因为理解了生命是罪恶和荒谬之后，继续苟延残喘。格非讲到这里，举了一个例子，也可能是《忏悔录》里的故事，他说，归根到底，人生的选择是有限的，因为当我们知道，还有三十年或五十年，我们将离开这个世界时，那是何等的恐惧。但并不是说有了恐惧，我们就放弃生命，放弃快乐。他先举一个“二战”期间的例子，法西斯德国在集中营里，把无数犹太人赶往焚尸炉里时，在长长的队伍里，有一个十来岁的美丽小姑娘，她一边随着人流向前移动，一边手捧一本书，读得津津有味。一个法西斯拦下她，问，你不知道你此时是干什么去的吗？小姑娘说，知道。法西斯问，那你读书还有什么意义？小姑娘微笑着说，这本书好看，我还没有读完，我阅读是因为我喜欢，读书会给我带来快乐。格非说，这是“二战”电影里的一个镜头，当我们看到这里时，相信谁都会泪水盈眶。那么托尔斯泰把一人置身在这样一个环境，一口深井里，有无数毒蛇，掉下去必死无疑，而在井岸上，有一只凶狠的饿虎，也正等着他填肚子。而此时，他双手吊在一根斜伸到井口上方的树枝上。危险暂时排除，因为井底的毒蛇咬不到，老虎也奈何不了。正在得意时，他看到树上有两只老鼠，一白一黑，正在慢慢地啃咬树干。尽管啃咬得很缓慢，但他知道迟迟早早树干会被咬断，他会掉进井里，成为毒蛇的美味。正在他绝望时，在他头顶的上方的一个蜂巢里，流出的蜜，已经流到他嘴边的一片树叶上。他开始伸出舌头，舔食树叶上的蜜，享受这片刻的快乐——片刻的快乐也是快乐啊。

格非先生的这段讲述，让我自然地对应了朱自清的“刹那”主义，“每一刹那有每一刹那的意义和价值”。朱自清在北大读的是哲学系。他对人生的思考，必定掺杂了哲学的思维，加之现实生活给他的启发，才会产生这样的思想，才会把这样的思想，想方设法用诗歌来表现。朱自清就是在这样一边思索一边教学中，一边加紧了《毁灭》的写作。可以说六师的同学们见证了朱自清这一阶段的工作。

1922 年 12 月 9 日，他费时半年的力作《毁灭》终于完稿。陈中舫在《朱自清君的〈毁灭〉》一文里继续说：“《毁灭》的原稿是每句分行写的；粘接起来，稿纸有二丈多长。他写完这稿，也没有重抄的工夫，所以我们于课余的时候，帮他重抄一份。”朱自清把稿子投给《小说月报》之后，对诗中表现的“人生”主题并没有停止，“刹那主义”还在他心中萦绕不去，他继续思考，继续寻找答案。1923 年 1 月 13 日，在致俞平伯信中，他说：“至于这刹那以前的种种，我是追赶不回来，可以毋庸过问；这刹那以后，还未到来，我也不必费心去筹虑。我觉我们‘现在’的生活里，往往只‘惆怅着过去，忧虑着将来’将功夫都费去了，将眼前应该做的事都丢下了，又添了以后惆怅的资料。这真是自寻烦恼！”

很快，《小说月报》便在 1923 年 3 月 10 日出版的第十四卷第三号上发表，一时间，引起各方讨论，许多人都纷纷撰写评论。4 月 10 日，朱自清兴致不减，继续致信俞平伯，讨论人生问题。看来，他是一定要和这位知心好友把心中的苦闷弄得明明白白了。他在信中说：“我们不必谈生之苦闷，只本本分分做一个寻常人罢。……这种既不执着，也不绝灭的中性人生观，大约为我们所共信。于是赞颂与诅咒杂作，自抑与自尊互乘，仿佛已成为没旨气、没趣味的人了。其实我们自省也还不至于如此。但在行为上既表现不出来，说得好一点是‘和光同尘’，说得不客气些，简直是‘同流合污’了。我们虽不介意于傥来的毁誉，但这样的一年一年的漂泊着，即不为没出息，也可以算得没味了。如何能使来年来月来日的生活，比今年今月今日有味些？这便是目下的大问题。”朱自清思考的问题，并不局限于他本人的境遇，但和他本人的境遇肯定是有关联的。他在北大读的是哲学系，而他的哲学观、人生观并不是钻在象牙塔里，而是直面现实，问题看似简单，却包含着复杂的社会因素。这时候的俞平伯，划时代著作《红楼梦辨》已经由上海亚东图书馆出版，继续写作诗集《忆》里的部分篇章。在收到朱自清的信后，也开始思索，并着手《毁灭》的评论写作。

这时候的朱自清和俞平伯，可谓双星闪耀，在文学的各个领域施展自己的才华，颇有相互追赶的意思。就在《毁灭》发表不久，朱自清文学创作中的重要作品之一、也是他不多的短篇小说代表作《笑的历史》于 1923 年 4 月 28 日杀青。这篇小说，可以说是“人生”问题探讨的一个延伸，只是由诗而小说罢了。小说是以他爱人武钟谦为原型，用第一人称“我”，来讲述一个原本爱笑的善良女性，出嫁后遇到的种种烦恼，以“笑”为主线，由原来爱笑而不敢笑、最后不愿笑以至于厌恶笑的情感历程。小说描写的“我”的不少境遇，和他的散文《给亡妇》里武钟谦所受的委屈多有相似之处，让人读来唏嘘。

朱自清上述写给俞平伯的三封关于人生哲学和生活态度讨论的信，从 1922 年 11 月 7 日开始，到 1923 年 4 月 10 日，历时近一年。期间虽然经历杭州至台州至温州的迁徙和颠波，人该有怎样的“人生”一直都是朱自清思索的重要问题，创作上也基本围绕这一主题展开，从《毁灭》到《笑的历史》，所探讨的都是关于人该有怎样的人生。而引起朱自清思索这一问题的动因，是源于1922年6月上旬，源于那次难忘的西湖三日的夜游。俞平伯说《毁灭》“是呻吟，也是口令，是怯者的，也是勇者的叫声”。是的，“徘徊悲哀的情绪，挣扎向前的精神”，是这首诗的基本格调。“理不清现在，摸不着将来”的郁结，是这首诗的情结。“待顺流而下罢，空辜负了天生的我，待逆流而上啊，又惭愧无力。”朱自清所探讨的人生，就是这样的两难。而这样的境遇也是大多数人感同身受的。

一向温和的俞平伯，是这样评论《毁灭》的：“从诗史而观，所谓变迁，所谓革命，决不仅是——也不必是推倒从前的坛站，打破从前的桎梏；最主要的是建竖新的旗帜，开辟新的疆土，越乎前人而与之代兴。”俞平伯还认为，朱自清的《毁灭》，即以技术而论，“在诗坛上，亦占有很高的位置，我们可以说，这诗的风格意境音调是能在中国古代传统的一切诗词以外，另标一帜的”。

2014年12月22日上午11时草于北京五里桥

# 一篇《“义战”》引发的感怀

《“义战”》是俞平伯的一篇文章，发表在 1924 年 9 月 14 日出版的《时事新报》文学版上。这篇文章给俞平伯的好友朱自清带来的触动很深。

由于家小都在温州。1924 年暑假，朱自清在先去南京参加中华教育改进社第三届年会后，再转道上海待了几天，和王伯祥、郭绍虞、沈雁宾、叶圣陶、郑振铎、俞平伯、周予同等友人欢聚几次后，立即回到温州家里，准备在温州度暑假。

这时候的朱自清，家庭经济遇到了相当大的困难。朱自清教书挣的钱并不多，再加上时局动荡，学校开开停停，工资没有保证全额发放，所挣稿费也是杯水车薪，朱自清常常借债养家。有一事可见朱自清的窘迫，1924 年 7 月 10 日，他和朴社同道在上海聚餐，王伯祥在日记里说：“佩弦今日由宁返沪，绍虞、颂皋或将于明日赶到，平伯则今晚必来，于是我们朴社同仁想趁此聚会，作一度进行的商榷了。那晚聚餐，或者有些好的结果。”12 日，在商量了朴社的事之后，朱自清没有像别人那样去住旅馆，而是住在叶圣陶家里。这一方面说明朱、叶关系好，另一方面也和经济有关。朱自清回到温州之后（此前，朱自清在温州的浙江十中任教），和家人待在一起，生活虽不富足，但毕竟一家人聚在一起，心情不错，写写日记，访访朋友，并准备为俞平伯的新诗《忆》写序。不久周予同来温州办事，朱自清知道后，于 8 月 2 日早上去拜访。到了 8 月 18 日，周予同来回访，二人聊得特别投机，不觉到了饭点。但是朱自清家里实在拿不出像样的菜来招待好朋友，更不要说请馆子了。送走周予同之后，朱自清很难过，觉得对不起朋友。转眼到了 9 月，朱自清实在撑不住了，致信周予同，请求退出朴社，原因就是交不起那一月十块钱的费用。朴社也随之解体。朴社的解体，是不是和朱自清退社有关，无从考证。但说没有一点牵连怕是也不切实际。仅从这一件事上，可见朱自清不到实在无计可施时，是不会不顾及朋友的情面而退出朴社的。

至于上海的朴社解体后，俞平伯、顾颉刚在北京又邀请范文澜、潘家洵、吴维新、冯友兰等人重组了新朴社，这已经是后话了。

朱自清这年的暑假并不轻松，可以说五味杂陈、百感交集，1924 年 9 月 5 日乘船离开温州去宁波前，和妻武钟谦道别时，忍不住流下泪水。几天后 9 月 13 日，在宁波大风雨中，吟出了伤感的诗句："万千风雨逼人来，世事都成劫里灰。秋老干戈人老病，中天皓月几时回?"这天正是中秋节，本应该和家人团聚，却因为生活所困，自己奔波在外，只能在凄风苦雨中枯坐书房，独想心事，家事国事天下事不觉涌上心头。而近期充斥于大小报纸上的关于直奉军阀间的明争暗斗的消息和要开战的各种小道新闻也让他心头焦虑。

几天之后，即 1924 年 9 月 17 日，朱自清在闲翻报纸时，突然看到14日出版的《时事新报》《文学》版上有一篇俞平伯的文章《“义战”》。好朋友的文章，朱自清照例是要细读的。这一读不大紧，让朱自清心潮起伏，对俞平伯的文章观点表示不同意，遂写下较长的批语：

前两日读《申报》时评及自由谈，总觉他们对于战事，好似外国人一般，偏有许多闲情逸致，说些不关痛痒的，或准幸灾乐祸的话，我深以为恨。昨阅平伯《“义战”》一文，不幸也有这种态度！他文中颇有掉弄文笔之处，将两边一笔抹杀。抹杀原不要紧，但说话何徐徐尔！他所立义与不义的标准，虽有可议，但也非全无理由，而态度亦闲闲出之，遂觉说风凉话一般，毫不恳切，只增反感而已。我以为这种态度，亦缘各人秉性和环境，不可勉强；但同情之薄，则无待言。其故由于后天者尤多。因如平伯，幼娇养，罕接人事，自私之心遂有加无已，为人说话，自然就不切实了。我呢，年来牵于家累，也几有同感！所以“到民间去”，“到青年中去”，现在我们真是十分紧要！若是真不能如此，没想亦有一法，便是“沉默”。虽有这种态度，而不向人言论，不以笔属文，庶不至引起人的反感，或使人转灰其进取之心；这是无论如何，现在的我们所能做的。

那么，俞平伯这篇文章是如何写成的呢？又究竟在《“义战”》里说些什么？孙玉蓉编纂的《俞平伯年谱》里有这样的概括：

作者曾收到叶绍钧来信，说他很关心战报并不是有避祸之心，只缘胸中有正义梗着，看了报纸以后就不免生些闲气。俞平伯为叶绍钧的话所动，于是“大变常态，化沉默为哓哓然”，作了《“义战”》一文。作者分析了战争与正义的三种关系，“第一说，义非战，战非义；义中无战，而战中无义。”“第二说，战非义，应战则义。”“第三说，有战义，有战不义。就是说有正当理由的战是义；反之，非义。”作者解释“义战”的含义，云：“义战”是正当的战。正当是单纯的战争，即除战争直接所生影响以外，不发生其他残暴行为的。他说：“我们不当妄拟一个绝对的善或义而拿来考核一切的事故。我们只可就现存的诸事实中，求出一个比较逼近绝对的善或义来。无论善恶，有一分的实，即给它一分的名。这不但应合名理上的当然，而且也是事实上的当然。”不过“这终久是书生之见，少实行的可能的”。

朱自清的批语（实质是批评）有没有道理呢？

为了弄明白事情的前因后果，让我们从这次战事说起。

早在1922年，第一次直奉战争结束后，直系军阀首领曹锟、吴佩孚控制了北京政权。1924年5月，曹、吴又指使江苏、福建等省的直系军阀，消灭盘居在浙江、上海一带的皖系势力。直系这边的军事力量，主要是由江苏督军齐燮元率5个师另5个旅近4万人，一部分部队沿沪宁铁路两侧钳击淞沪，另两个师防守溧阳、宜兴，伺机进攻长兴。皖系这边，首领段祺瑞一面联络奉军出兵进攻直军，一面命令皖系浙江督办卢永祥指挥第1、第2、第3军共4万余人，分别在淞沪、长兴地区和闽浙间的仙霞岭一带组织防御。9月3日战争爆发。这次战争，史称“齐卢之战”或“江浙之战”。战役打到9月7日这天，出现拐点，卢永祥命令第2军趁齐燮元部队的主力进攻淞沪之机，向驻守宜兴的齐部发起攻击，占领了宜兴以南的蜀山等地。齐燮元不得不从淞沪前线调兵回援。卢永祥所部进攻随即受挫，两军形成对峙。曹锟、吴佩孚闻讯，急忙调兵支援，命令福建督军孙传芳率闽、赣联军2万余人，于9月中旬由南向北进攻浙南，孙的师长彭德铨行动迅速，直抄卢永祥的后路。平阳首先被拿下，战火一下子就烧到了温州。温州老百姓于惊惶失措中纷纷逃难。

二十多年前，我一度对连云港地方文史有些兴趣，研究号称“海州王”的白宝山。白宝山时任海州镇守使，统掌海州的军政大权。研究时发现，白宝山和他的部队也参加了这次“齐卢之战”，并亲率两个团赶赴前线。在1924年秋季出版的《申报》《晨报》等上海报纸上，常有这样几句话的消息：“宜兴知事：‘23日来电，据探报警备队准明日进驻水口。白师与皖军会合，进占长兴，现至何处容续探再报。宜城秩序恢复。’‘又据苏军23日战报，宜兴之白师之旅，已向长兴前进。’”9月26日，《申报》有带标题的新闻，《白宝山军队开驻宜兴了》，新闻说：“自陈调元军队开赴浙省后，所有宜兴一带防务，苏齐即责成白宝山率领所辖军队驻守。白氏并奉苏齐之命任宜兴守备司令，现已分队驻扎于蜀山、和桥、宜兴等处。目下，宜兴秩序安绪……唯水路交通尚未能恢复原状云。”这里的“苏齐”即江苏齐燮元所部。白宝山长孙、北京大学教授白化文在《我所了解的白宝山和陈调元》一文中，也有一章《齐、卢之战》，对他的祖父白宝山参与的“齐、卢之战”作了叙述：

> 齐燮元的地位本与我祖父、陈调元基本平等，彼此以兄弟相称，直属兵力也差不多。他是秀才出身，后来虽由

李纯保送北京陆军大学，在那里混到毕业，但他的指挥能力很差，也未打过大仗。他是高度近视，外号“齐瞎子”。陈调元常调侃他说，齐燮元一次指挥演习，因近视看不清地图，把河流当成马路。部队开到那里，才知错误。流传有歌谣：“齐瞎子，真胡闹，错把河流当大道。”齐燮元荣任师长的第六师，是他唯一的嫡系，可惜久驻六朝金粉地，沾染恶习甚多，战斗力极差。这支队伍早已不是清末吴禄贞当第六镇统制（民国初年“镇”改称“师”，“统制”改称“师长”）时练成的劲旅了。

因此，齐燮元一定要靠黄振魁、吴恒瓒、杨春普、陈调元、我祖父等哥几个保驾。以上这些人都是江苏各地区的镇守使，都有一个混成旅上下的力量。特别是陈调元和我祖父，是替他看北大门的，更是称兄道弟。齐因自己是知识分子出身，对我祖父骨子里是看不起的，对我祖父的部队。也认为战斗力差。我祖父也但求保住海州，只要齐不太过问海州的事便可。所以，在齐、卢之战初期，我祖父率所部仍在海州观察局势。

齐燮元向卢永祥争夺上海的统治权，引起齐、卢之战。此战役自 1924 年 9 月 3 日开始，胶着于黄渡、浏河一带约四十天。吴佩孚以齐同为直系，派湖北陆军第五混成旅旅长张允明率部来援。后期，我祖父也率两个团开到嘉兴、宜兴一带，作为右翼。这时，孙传芳率领一万多名缺吃少穿无饷但有枪的穷兵由闽入浙，抄了卢永祥的后路。他一路招降纳叛，打过杭州时已发展到两三万人，自称总司令。齐、孙两军在江、浙交界处会师。我祖父所部正好与孙部毗邻，临时改受孙传芳指挥。这是我祖父与孙建立关系之始。孙派我祖父为进攻上海的先锋，齐派宫邦铎为先锋，张允明是吴佩孚派来的先锋，先后进迫上海。1924 年 10 月 13 日，卢永祥与淞沪护军使何丰林下台。孙传芳派我祖父代理淞沪护军使，已入上海市内；齐燮元派宫邦铎为上海镇守使，所部仅进入闸北；北洋政府又发表张允明为淞沪护军使，所部仅进入龙华。

白化文文中所说的“孙传芳率领一万多名缺吃少穿无饷但有枪的穷兵”，对朱自清一家造成了最直接的影响，就是温州被困，百姓逃难。而朱自清的家小正住在温州。

此时身在白马湖春晖中学的朱自清，早就在报上看到了军阀们的明争暗斗，心情本就很坏，在读了俞平伯的《“义战”》一文后，觉得俞文中的“闲适”的腔调是对老百姓的不负责，很不自在。自古“兵患”是“百灾”之首，最苦的自然是下层民众。俞平伯不疼不痒的文章触动了朱自清，随即写了此评。1924 年 9 月 23 日，一直惶惶中的朱自清从宁波乘车去白马湖春晖中学洽谈任教事宜时，看到车中都是逃难的人群时，十分挂念家人。24 日收到武钟谦的信后，知道武钟谦仍生病，温州的风声十分紧张，下午就赶回宁波探听消息，第二天早上就发电报到温州，晚上就得到武钟谦的复电，知道一家暂住温州十中，虽然还算安全，但仍然非常焦灼。

凑巧的是，关于这次“义战”的主角之一，江苏督军齐燮元，在朱自清 7 月初参加的中华教育改进社第三届年会上，朱自清还目睹过这位军阀大员的“风采”，并在《旅行杂记》里作了讽刺：不一会儿，场中忽然纷扰，只见齐督军，韩省长来了，“空空的讲坛上，这时竟济济一台了。正中有三张椅子，两旁各有一排椅子。正中的三人是齐燮元、韩国钧，另有一个西装少年……这三人端坐在台的正中，使我联想到大雄宝殿上的三尊佛像；他们虽坦然的坐着，我却无端的为他们‘惶恐’着。——于是开会了，照着秩序单进行。详细的情形，有各报记述可看，毋庸在下再来饶舌。现在单表齐燮元……的高论。齐燮元究竟是督军兼巡阅使，他的声音是加倍的洪亮；那时场中也特别肃静——齐燮元究竟与众不同呀！他咬字眼儿真咬得清白；他的话是‘字本位’，是一个字一个字吐出来的。字与字间的时距，我不能指明，只觉比普通人说话延长罢了。最令我惊异而且焦躁的，是有几句说完之后。那时我总以为第二句应该开始了，岂知一等不来，二等不至，三等不到；他是在唱歌呢，这儿碰着全休止符了！等到三等等完，四拍拍毕，第二句的第一个字才姗姗的来了。这其间至少有一分钟；要用主观的计时法，简直可说足有五分钟！说来说去，究竟他说的是什么呢？我恭恭敬敬的答道：半篇八股！他用拆字法将‘中华教育改进社’一题拆为四段：先做‘教育’二字，是为第一股；次做‘教育改进’，是为第二股；‘中华教育改进’是第三股；加上‘社’字，是第四股。层层递进，如他由督军而升巡阅使一样。齐燮元本是廪贡生，这类文章本是他的拿手戏；只因时代维新，不免也要改良一番，才好应世；八股只剩了四股，大约便是为此了。最教我不忘记的，是他说完后的那一鞠躬。那一鞠躬真是与众不同，鞠下去时，上半身全与讲桌平行，我们只看见他一头的黑发；他然后慢慢的立起退下。这其间费了普通人三个一鞠躬的时间，是的的确确的。”朱自清笔下如小丑的这位齐燮元，两个月后便带兵杀了过来，江浙沪一时烽火连天。战火直接烧到了朱自清一家的身上。

此时的温州已经乱成一锅粥，孙传芳手下的彭德铨所部，已经控制了温州，缺吃少穿无饷有枪的这些穷兵，所到之处都要大捞一笔。城乡居民恐慌万状，携儿挈女，四处奔逃。朱自清一家五口人，全靠武钟谦拿主意了，婆母上了年纪，三个孩子更是年幼，且举目无亲，身无分文。正当她们焦虑不安一筹莫展之时，从前的同事、画家、十中教员马公愚伸出了援手，帮助朱自清一家随他全家一起逃难。武钟谦和婆母草草收拾行李，手牵怀抱三个孩子，跟着马家坐一条租来的小船，逃到永嘉楠溪一个叫枫林的地方躲了起来。武钟谦什么都没带，只带了朱自清一箩筐的书。朱自清在《给亡妇》一文中，有过记录："你不但带了母亲和孩子们，还带了我一箱箱的书"。几天后，听说战势有所缓和，温州一带可能没有大战，武钟谦怕朱自清从宁波回来，见不到家人心中着急，便要回去。马公愚担心，劝她再观察些时日，但武钟谦执意要回。马公愚便借给她十块大洋，并派一佣人护送朱自清一家回到温州，家里不敢回，只得暂住在学校里。朱自清虽然知道一家暂时平安，仍放心不下，于26日再次往返宁波和上虞春晖中学，在春晖中学借了路费后，第二天即乘永宁轮赶往温州。可船到海门时，因战事吃紧，忽然停驶。朱自清不得不改道大荆，搭河船至温岭，又步行了100多里路，在江厦又搭上一艘船，一直到30日晚间才到温州。朱自清虽然精疲力竭，但看到一家平安无事，依然非常欣慰。武钟谦和孩子们更是欣喜若狂，围着朱自清问这问那，听朱自清讲述一路上的风雨兼程。

一家人就在学校里暂住下来。朱自清亲历这次战事，更觉得亲情的难舍，便在心里暗下决心，一定要把一家人接到自己身边。

十中校长金荣轩知道朱自清回来后，特来拜访，他对朱自清说十中马上开学，希望朱自清能留下来任教。但朱自清因已答应了春晖中学的聘任，只好婉言辞谢。在温州的几天里，朱自清主要是设法搬家。为了筹借搬家的费用，还要还清马家的欠款，朱自清只好把自己的一些物品抵押在小南门“长生库”当铺里，其中就有一件皮袍子。筹足了钱，还清了马家的欠款，朱自清率全家，于10月3日辞别温州的朋友，北上上虞。临行前，他很感激马公愚对一家的照料，留下一信，说：“先生于荒乱之际，肯兼顾舍间老少，为之擘画不遗余力，真为今日不可多得之友生！大德不敢言谢，谨当永志弗谖耳！”

所以，朱自清的人生际遇，让他不可能像俞平伯那样有一份安闲的心态。仅从短短的一个月的经历看，他也不能同意俞平伯《“义战”》的观点。挥笔写下的批语，实在也是朱自清一贯的人生态度。

关于这段批语，还有后续，抗战期间，朱自清随校南下，把书籍报刊和无法带走之物暂存在北平老君堂俞平伯家里。朱自清奔波在外，经济上不宽裕，特别是扬州老家，生活十分困难。朱自清写信给俞平伯，托他卖掉书刊，接济扬州老家。俞平伯在整理朱自清这批书刊时，无意中发现朱自清写的关于《“义战”》的评语，十分震动，内心久久难平，认为只有诤友才能说出如此真言。朱自清去世以后，俞平伯在多篇文章中提到朱自清的评语，在《关于“义战”一文——朱佩弦兄遗念》中，更是说：“会得佩弦昔年评语，却是一种胜缘，反若不忍遽弃。……词虽峻绝，而语长心重，对自己，对朋友，对人间都是这般的严肃。”又说，“他责备我和责备自己一般的认真，像这样的朋友更从哪儿去找呢！”

俞平伯可能也没有想到，自己的一篇短文，却引起好友的如此看重。

2015年1月8日于北京像素草房

# 朱自清在台州

从扬州到杭州，一般要乘小火轮渡江，经镇江再选择汽车或火车。返程也是这样，朱自清往返两地，每一次都很辛苦。

1922年2月初，寒假刚过不久，江南还春寒料峭，河里的水草还未翘头变绿，园中桃李的枝头才鼓出一点点苞芽。春的讯息虽还完全没有感受到，朱自清心里却温暖如春——他偕贤妻武钟谦和一双可爱的儿女，带着简单的行李，赶往杭州一师了。扬州离杭州虽然不太远，交通却不便捷，如果走水路，要花费更多时间。所以朱自清一般都在镇江乘沪宁铁路的客车，经上海再转沪杭线。无论是在船中，还是在火车上，朱自清一家既辛苦又快乐，毕竟小家就要组织起来了，对于朱自清来讲，爱人子女在身边，省去生活上的不少不便和烦恼，会把更多的精力用在工作和创作上。

还是在1921年5月，朱自清曾写过一篇小说《别》，讲述的正是一对年轻的夫妇重逢后因经济原因又不得不分别的故事。小说写得细腻、委婉、动情，小说中的青年教师和带着孩子、怀着身孕千里探访的妻子，是不是有他们小夫妻真实生活的影子呢？至少在个人情感上，这种分离的痛苦朱自清曾感同身受过。所以，朱自清不怕生活的压力，坚定地带上妻小一同前往杭州了。

小家刚一安顿好，朱自清就接到浙江六师校长郑鹤春的邀请，要他去台州教书了。

台州离杭州还有一段距离，也不比杭州的繁华。为了增加收入补贴家用，也是盛情难却，朱自清只身前往。朱自清在《一封信》中描写了初到台州的情形："我第一日到六师校时，系由埠头坐了轿子去的。轿子走的都是僻路；使我诧异，为什么堂堂一个府城，竟会这样冷静！那时正是春天，而因天气的薄阴和道路的幽寂，使我宛然如入了秋之国土。约莫到了卖冲桥边，我看见那清绿的北固山，下面点缀着几带朴实的洋房子，心胸顿然开朗，仿佛微微的风拂过我的面孔似的。到了校里，登楼一望，见远山之上，都幂着白云。四面全无人声，也无人影；天上的鸟也无一只。只背后山上谡谡的松风略略可听而已。那时我真脱却人间烟火气而飘飘欲仙了！"

可以说，台州美丽的山川，迷人的景色，算是给朱自清一个很好的见面礼。

朱自清初到台州，面对新的环境，并没有感到陌生，甚至有种自然的亲近感。六师校长郑鹤春是青年教育家，早年（1917）毕业于武昌高等师范学校，有作为也有开拓精神，和朱自清关系不错，朱自清的教书大约也是顺风顺意的。工作舒心，创作上更没有松懈，接连写了新诗《笑声》《灯光》《独自》等，同时对于当下新文学作品颇有许多不满。在不断阅读和思索中，对自己的创作也表示了担忧，甚至对岁月流近和生命匆匆特别惶惑。1922 年 3 月 26 日在致俞平伯信中，朱自清坦率地表达了自己的心情："日来颇自惭愧。觉得自己情绪终觉狭小，浅薄，所以常要借重技巧，这真是极不正当的事！想想，很为灰心，拟作之稿，几乎想要搁笔——但因'敝帚自珍'底习气，终于决定续写了！以后颇想做些事业，抉发那情绪的错，因为只有狭小的情绪，实在辜负了我的生活了！"

话虽然这样说了，行为上却还是有种力量在催着他，教他停不下手中的笔，把自己的思想传播于大众。于是他又说："日来时时念旧，殊低回不能自已。……因了惋惜的情怀，引起时日不可留之感。我想将这心绪写成一诗，名曰《匆匆》。"那时候，还没有"散文诗"之说。《匆匆》发表在1922年4月11日《时事新报》副刊《文学旬刊》上。对于这篇别具一格的"散文诗"，朱自清颇为得意，在13日致俞平伯信中说："《匆匆》已载《文学旬刊》，兄当已见着。觉可称得'散文诗'否？"又说，"我的《匆匆》，一面因困情思繁复，散较为适当，但也有试着散诗的意思，兄看我那篇有力竭铺张底痕迹否？"朱自清把《匆匆》称为"散文诗"，实在是新颖别致的提法，这大约就是散文诗的发轫之作了。全文不长，引述如下：

燕子去了，有再来的时候；杨柳枯了，有再青的时候；桃花谢了，有再开的时候。但是，聪明的，你告诉我，我们的日子为什么一去不复返呢？——是有人偷了他们罢：那是谁？又藏在何处呢？是他们自己逃走了罢：现在又到了哪里呢？

我不知道他们给了我多少日子；但我的手确乎是渐渐空虚了。在默默地算着，八千多日子已经从我手中溜去；像针尖上一滴水滴在大海里，我的日子滴在时间的流里，没有声音，也没有影子。我不禁头涔涔而泪潸潸了。

去的尽管去了，来的尽管来着；去来的中间，又怎样地匆匆呢？早上我起来的时候，小屋里射进两三方斜斜的太阳。太阳他有脚啊，轻轻悄悄地挪移了；我也茫茫然跟着旋转。于是——洗手的时候，日子从水盆里过去；吃饭的时候，日子从饭碗里过去；默默时，便从凝然的双眼前过去。我觉察他去的匆匆了，伸出手遮挽时，他又从遮挽着的手边过去，天黑时，我躺在床上，他便伶伶俐俐地从我身上跨过，从我脚边飞去了。等我睁开眼和太阳再见，这算又溜走了一日。我掩着面叹息。但是新来的日子的影儿又开始在叹息里闪过了。

在逃去如飞的日子里，在千门万户的世界里的我能做些什么呢？只有徘徊罢了，只有匆匆罢了；在八千多日的匆匆里，除徘徊外，又剩些什么呢？过去的日子如轻烟，被微风吹散了，如薄雾，被初阳蒸融了；我留着些什么痕迹呢？我何曾留着像游丝样的痕迹呢？我赤裸裸来到这世界，转眼间也将赤裸裸的回去罢？但不能平的，为什么偏要白白走这一遭啊？

你聪明的，告诉我，我们的日子为什么一去不复返呢？

1922 年 3 月 28 日

朱自清是第一个发问“时间都去哪儿了”的现代作家吗？《匆匆》所表现的，就是这样的主题，“燕子去了，有再来的时候；杨柳枯了，有再青的时候；桃花谢了，有再开的时候”。诗人几笔勾勒出一个简约而充满诗情的画面，没有为赋新词强说愁，也没有停留在春景的描绘上，而是直接将读者带进自己营造的氛围中，接受一种“时间”情结的感染，同时又暗示：这画面里呈现的大自然的荣枯，是时间飞逝的痕迹，“聪明的，你告诉我，我们的日子为什么一去不复返呢?”是被谁“偷了”还是“逃走”了呢?“像针尖上一滴水滴在大海里，我的日子滴在时间的流里。”朱自清把自己八千多个日子比喻成“一滴水”，水消失在水里，看不见摸不着了。时间就是这么无情，生命也同样短暂，“洗手的时候，日子从水盆里过去；吃饭的时候，日子从饭碗里过去”，“我”还能怎么样？不禁“头涔涔”“泪潸潸”了。从《匆匆》里，我们读出了作者的情怀，即，无论谁，都要珍惜时光，从现在做起，不能只感叹时光的匆匆。当下是过去的继续，又是未来的准备。如果没有现在的努力，就没有未来的收获。

初到台州短短的两个月里，除了上述提的文章和新诗，朱自清还发表了杂感《离婚问题与将来的人生》，诗论《短诗与长诗》。而和俞平伯的多封通信，事实上也是文章的另一种形式。仅从创作的勤奋来说，朱自清实践了他要珍惜时间的“承诺”。但他还是觉得自己的“力量”不足，不能和逝去的时光作持久的对抗，感到自己的作品进步不大。4 月 13 日致俞平伯信中说：“我因自己只能作嘤嘤之鸣，所以颇爱读别人浩浩荡荡、悲歌壮舞的作品，看了也格外契心。近来读白情（尤其是《鸭绿江以东》一类的作品）诗，读《乐谱中之一行》，读屠格涅夫《前夜》底译本，皆足令我男儿之火中烧，深以倦伏为耻！但此情绪终难持久，故还是不能长进!”朱自清对自己的要求真是太严了。看了名家和同学（康白情）的好作品，深深感到自己的不足，甚至有一种耻辱感。

也许几个月后，他和俞平伯、郑振铎泛舟西湖时，萌发的关于人生价值的讨论，在台州就已埋下了种子吧。总体上讲，朱自清的性格属于内向型。但他内心自有一股涌动的潜流，有时也会掀起巨大的波浪，把潜藏的对于美好人生的热望激发出来，所以才有这种自愧弗如之感吧。

1922年4月26日，朱自清离开他执教两个多月的台州六师，返回杭州。这次回杭，主要是因为他和一师还有合约在身。此外，刚刚组织起来的小家庭还在杭州，他也想家了。如前所述，朱自清的短篇小说《别》里的伤情，是深有体会的，他也实在是惦念着在杭州的妻子儿女啊。而六师的同学们又不希望他离开，纷纷表达对他的留念。朱自清便向他们承诺，暑期后一定再回来。

果然，这年的9月，朱自清再次来到台州。这次和初来时不一样了，是携全家一同前来的。六师的学生们奔走相告，他们喜欢而崇拜的老师，不会再像上个学期那样教两个月就走了——家小都接来了。到了台州的当晚，就有学生来看他。由于一时还没有找到住所，便暂住在城里的一家叫“新嘉兴”的旅馆里。他不顾旅途疲劳和旅馆房间的狭小，和同学们畅谈很久，暑假的见闻，学校的生活，未来的展望，自己创作的打算，真是无所不包。

在旅馆住了一宿后，第二天就在市区旧仓头找到了房子，房主姓杨。

台州这座钟灵毓秀、有山有水的江南小城，还有这里的人和事，如果不是特别喜欢，朱自清不会走了又来，给他留下的印象，自然是极好的了，每当忆及，总饱含深情。多年后，他在散文《一封信》里深情地说，“我不忘记台州的山水，台州的紫藤花，台州的春日……”又追忆道：“说起紫藤花，我真爱那紫藤花！在那样朴陋——现在大概不那样朴陋了吧——的房子里，庭院中，竟有那样雄伟，那样繁华的紫藤花，真令我十二分惊诧！她的雄伟与繁华遮住了那朴陋，使人一对照，反觉朴陋倒是不可少似的，使人幻想‘美好的昔日’！我也曾几度在花下徘徊：那时学生都上课去了，只剩我一人。暖和的晴日，鲜艳的花色，嗡嗡的蜜蜂，酝酿着一庭的春意。我自己如浮在茫茫的春之海里，不知怎么是好！那花真好看：苍老虬劲的枝干，这么粗这么粗的枝干，宛转腾挪而上；谁知她的纤指会那样嫩，那样艳丽呢？那花真好看：一缕缕垂垂的细丝，将她们悬在那皴裂的臂上，临风婀娜，真像嘻嘻哈哈的小姑娘，真像凝妆的少妇，像两颊又像双臂，像胭脂又像粉……我在他们下课的时候，又曾几度在楼头眺望：那丰姿更是撩人：云哟，霞哟，仙女哟！我离开台州以后，永远没见过那样好的紫藤花，我真惦记她，我真妒羡你们！”

不仅是紫藤花，台州别的景色也同样让朱自清难以忘怀：“南山殿望江楼上看浮桥（现在早已没有了），看憧憧的人在长长的桥上往来着；东湖水阁上，九折桥上看柳色和水光，看钓鱼的人；府后山沿路看田野，看天；南门外看梨花——再回到北固山，冬天在医院前看山上的雪；都是我喜欢的。说来可笑，我还记得我从前住过的旧仓头杨姓的房子里的一张画桌；那是一张红漆的，一丈光景长而狭的画桌，我放它在我楼上的窗前，在上面读书，和人谈话，过了我半年的生活。现在想已搁起来无人用了吧？唉！”

朱自清一家四口子在台州过了一个冬天，“台州是个山城，可以说在一个大谷里。只有一条二里长的大街。别的路上白天简直不大见人；晚上一片漆黑。偶尔人家窗户里透出一点灯光，还有走路的拿着的火把；但那是少极了。我们住在山脚下。有的是山上松林里的风声，跟天上一只两只的鸟影。夏末到那里，春初便走，却好像老在过着冬天似的；可是即便真冬天也并不冷”。（《冬天》）就是这么一个街道简朴的台州，却给朱自清带来诸多的美好记忆，特别是温馨的家庭生活，更让他久久不能忘怀。在《冬天》里，朱自清怀着欣喜的心情写道：

> 我们住在楼上，书房临着大路；路上有人说话，可以清清楚楚地听见。但因为走路的人太少了，间或有点说话的声音，听起来还只当远风送来的，想不到就在窗外。我们是外路人，除上学校去之外，常只在家里坐着。妻也惯了那寂寞，只和我们爷儿们守着。外边虽老是冬天，家里却老是春天。有一回我上街去，回来的时候，楼下厨房的大方窗开着，并排地挨着她们母子三个；三张脸都带着天真微笑地向着我。似乎台州空空的，只有我们四人；天地空空的，也只有我们四人。
>
> ……

妻子在旁、儿女承欢膝下的欢乐真让人羡慕啊——朱自清回家时，看到厨房的窗户里“并排地挨着她们母子三个；三张脸都带着天真微笑地向着我”。这个画面真是太美了。不要说朱自清把整个台州都看得“空空的，只有我们四人”了，就是多年后，我们在阅读时，同样能感受到一家人生活在一起的温馨和美满，能感受到朱自清一进家门，两个孩子便围上来的亲热劲儿。老大迈先已经能玩耍调皮了，女儿采芷尚小，也一岁多了，正呀呀学语，朱自清会抱起她，在她粉嘟嘟的小脸蛋上亲亲。至于能干而贤惠的夫人武钟谦，朱自清对她更是充满深情，“那回我从家乡一个中学半途辞职出走。家里人讽你也走。哪里走！只得硬着头皮往你家去。那时你家像个冰窖子，你们在窖里足足住了三个月。好容易我才将你们领出来了，一同上外省去。小家庭这样组织起来了。你虽不是什么阔小姐，可也是自小娇生惯养的，做起主妇来，什么都得干一两手；你居然做下去了，而且高高兴兴地做下去了。菜照例满是你做，可是吃的都是我们；你至多夹上两三筷子就算了。你的菜做得不坏，有

一位老在行大大地夸奖过你。你洗衣服也不错，夏天我的绸大褂大概总是你亲自动手”。(《给亡妇》)

朱自清的散文名篇《冬天》大约写于1933年11月，文中写台州的冬天，写台州冬天一家子温暖的小生活，末了有这样的话：“那时是民国十年，妻刚从家里出来，满自在。现在她死了快四年了，我却还老记着她那微笑的影子。”又说，“无论怎么冷，大风大雪，想到这些，我心上总是温暖的。”这样的怀念真让人动容。

然而，和许许多多家庭一样，也和许许多多年轻的父亲一样，朱自清有时候也会生孩子们的气。朱自清在1928年6月24日写的散文《儿女》中也提到《冬天》里的两个孩子：“我结婚那一年，才十九岁。二十一岁，有了阿九；二十三岁，又有了阿菜。那时我正像一匹野马，那能容忍这些累赘的鞍鞯，辔头，和缰绳？摆脱也知是不行的，但不自觉地时时在摆脱着。现在回想起来，那些日子，真苦了这两个孩子；真是难以宽宥的种种暴行呢！阿九才两岁半的样子，我们住在杭州的学校里。不知怎的，这孩子特别爱哭，又特别怕生人。一不见了母亲，或来了客，就哇哇地哭起来了。学校里住着许多人，我不能让他扰着他们，而客人也总是常有的；我懊恼极了，有一回，特地骗出了妻，关了门，将他按在地下打了一顿。这件事，妻到现在说起来，还觉得有些不忍；她说我的手太辣了，到底还是两岁半的孩子！我近年常想着那时的光景，也觉黯然。阿菜在台州，那是更小了；才过了周岁，还不大会走路。也是为了缠着母亲的缘故吧，我将她紧紧地按在墙角里，直哭喊了三四分钟；因此生了好几天病。妻说，那时真寒心呢！”

这里的阿九就是长子朱迈先，阿菜就是长女采芷。朱自清对自己的“暴行”是怀着深深的忏悔之意的。

朱自清前后两次来台州，第一次只两个月多一点，第二次是整整一学期，除去中间在杭州的几个月，在台州的时间还不足一年，但在朱自清的人生长河中是极其重要的一站：把小家搬出来了；创作上也有可观的成果，《匆匆》和《毁灭》堪称朱自清散文和诗歌的代表作之一；还开始他一生中最重要的一次讨论（关于人生和“刹那主义”）。

一年的台州生活，到了 1923 年 2 月结束了，就像他在不断探寻人生的意义一样，他又踏上了新的旅途。据说，朱自清在台州亲手种植过一株紫藤。那是他喜欢的紫藤。每当紫藤花开时，那淡淡的馨香是否会飘过重山，萦绕于他的案头呢。

2015 年 1 月 3 日草于北京朝阳草房

# 雷峰塔的倒塌

小楼南望水迢迢，六十年来一梦遥。
不尽斜阳烟柳意，西关砖塔黯然销。

这首诗，是在杭州西湖八景之一的雷峰塔倒掉六十年之后的1984年，俞平伯得到一张西湖俞楼的照片后，触景生情的有感而发。诗前还有小引：“俞楼近影，九三同社盛君所赠。三层小平台可眺远。1924年雷峰塔倒，我等皆在，惟季珣四妹独亲见之，洵千载奇逢也。”

对于“千载奇逢”却没有亲见其倒塌，俞平伯是深感遗憾的。但对于“雷峰塔倒”的惋惜，要远远大于没有看到的遗憾。没有看到，只不过是个人的一点情怀，而倒塌的雷峰塔，却是永远不在了，不然，尽管时隔六十年，为什么依然魂牵梦绕而“黯然销”呢？不久之后，老人仍念念不忘，心有感怀，再度写了首《雷峰塔圮甲子一周》，诗中说：“隔湖丹翠望迢迢，六十年前梦影娇。临去秋波那一转，西关砖塔已全消。”此诗和前一首在意境上差不多，说明消逝的“雷峰夕照”和当年的惊心动魄的倒塌，依然还常留在老人的梦境里。

俞平伯是文士、雅士、名士，体现在他生活、作文、交谊等各个方面。早在结集《杂拌儿》的时候，他就在“自题记”中“声明”：“于日常生活间，自己觉得书生结习总是未免的。但努力要去做一个文士的心思却也还没有。”这里的“没有”之心，实质已经动了“有”的心思。就说《杂拌儿》吧，“杂”固然是这本书的特色，而文章，不论是文言还是白话，文论还是书评，随笔还是散文，谈古还是论今，都别有风味，独树一帜。而他截取的题材、关注的要点，也是独具慧眼。《记西湖雷峰塔发见的塔砖与藏经》《雷峰塔考略》两篇文章即是体现之一。但这似乎还不能完全体现他对雷峰塔的情感，他在紧接着出版的《燕知草》里，又来了两篇古风，即《西关砖塔塔砖歌》和《西关砖塔藏宝箧印陀罗尼经歌》。这两篇考略文字和两首古风，被誉为“两文双歌”，是俞平伯对雷峰塔及相关文献考证的一大贡献。

生于苏州马医科巷的俞平伯，和杭州有着不解之缘，这不仅是他的曾祖父俞樾曾在西湖俞楼开坛讲学，还因为俞平伯本人也曾在杭州居住过几年，特别是他搬到俞楼居住的那段时光，是他生命之途中极其浪漫的旅程。湖光山石的美景自不必说了，交往的文朋诗友更是风骚独领，还多次和朱自清、叶圣陶等好友在西湖划船勾留，甚至就月夜话。而他平时的日常生活，也多以在湖畔闲读和填词著文为主要内容。当然，也时不时地和家人欣赏隔湖的“雷峰夕照”等美丽景色。对于同辈文人关于雷峰塔的诗文，想必也是时有耳闻或展阅过的，比如徐志摩的《月下雷峰》：

我送你一个雷峰塔影，
满天稠密的黑云与白云；
我送你一个雷峰塔顶，
明月泻影在眠熟的波心。

深深的黑夜，依依的塔影，
团团的月彩，纤纤的波鳞——
假如你我荡一支无遮的小艇，
假如你我创一个完全的梦境！

如此人人喜爱、流连并歌咏的雷峰塔，却在1924年9月25日下午1时40分倒掉了。对于杭州人来说，这可是一件大事啊！俞平伯在《记西湖雷峰塔发见的塔砖与藏经》中，较详细记录了当时的场面：

以战事之故，湖上裙屐久已寥若曙星。是日下午则新市场停泊着的划船悉数开往南屏方面去，俨然有万人空巷之观。我到时，已四时许，从樵径登山，纵目徘徊，惟见亿砖层累作峨峨黄垄而已。游人杂沓，填溢于废基之上，负砖归者甚多。砖甚大，有字者一时不易觅。我只手取一无字残品，横贯有孔者归。备作砚用，他无所得。而家人从大路（在净慈寺前）登山者，则已见及村姑髫窦充以经卷，字迹端正，惟丛残不堪矣，此为初见塔砖与经之因缘。

从这段描写来看，雷峰塔倒塌的原委已经说得十分清楚了。这里所说的“战事”，即1924年爆发的“江浙战争”。江苏和浙江军阀齐燮元、卢永祥为争抢地盘，双方大打出手。这次战争，给富裕的江南造成了很大的灾难，俞平伯的好友朱自清一家也受到极大的牵累，致使身在上海的朱自清不得不穿越战区还回台州，当衣借钱，才把滞留在战区的一家老少数口带离火海。杭州也未能幸免，原本熙熙攘攘、游人如织的西湖，一下子变得清冷寂寥。雷峰塔就是在这样的背景下，突然倒塌了。“据云是日正午，塔顶已倾其一小部分，栖鸟悉数飞散。”看来，倒塌之前，已经有迹象了。“当其崩圮时，我们从湖楼遥望，惟见黄埃直上，曾不片时而塔已颓然。”

扎堆看热闹永远是中国人的通病，从俞平伯的文中不难看出，“万人空巷”，“游人杂沓，填溢于废基之上，负砖归者甚多”。这简直就是哄抢啊。俞平伯也去看了。俞平伯的心情和哄抢者大相径庭，诗名文名远播的俞平伯，对古迹文化就这样消失实在是不忍，他去观看一眼，想必是聊补心中的失落和遗憾吧。当他看到“村姑髻窦充以经卷”时，知道这些宝贝将永远消失在民间了，于是便萌发了考证藏于塔内的这些经卷和塔砖的想法。这种经卷比较特别，体量不大，粗如拇指，长约两寸，外层护以漂亮的绢套，原本是插藏于塔内砖孔之中的，现在成了村姑头发上的装饰。想到这些经卷和千年古砖的命运，俞平伯嗟然长叹、长吁不已，也无可奈何。想再也不能在暮霭初起、晡日西沉时，欣赏到“雷峰夕照”最为迷人的景色时，又不免痛心疾首。是啊，当如血的残阳从西边天际缓缓掩来，把暗紫色的柔和余晖，一览无余地泼泻在雷峰塔身之上，那是一种多么苍凉凄美的神境啊。如今，塔已不在，真就永久告别人间了吗？俞平伯心有不甘，决定要著文记之。

于是俞平伯和家人一起，开始在民间访问、搜罗塔砖和经卷，制作拓片，对损坏的经卷进行修补。俞平伯还到浙江省博物馆查找资料，记录笔记，全身心地投入到文章的撰写之中。

第一篇《记西湖雷峰塔发见的塔砖与藏经》就是在这样的情境中，于1924年12月4日完稿于西湖俞楼的。此文对塔砖和经卷考察完备详尽，是不可多得的知识小品式论文。但是第二篇《雷峰塔考略》却写于北京，完稿时间在1928年1月30日。为什么两文相隔三四年之久呢？原来，在写作过程中，俞平伯的舅父（也是岳父）许引之（字汲侯）和俞家一同住居俞楼。许也是饱学之士，在俞平伯著文时，他完全参与其中，帮助俞平伯查资料，做拓片。谁知天有不测风云，岳丈突然罹病仙逝。这对俞平伯和俞夫人打击很大，在完稿《记西湖雷峰塔发见的塔砖与藏经》不久后，即于1924年底携夫人北上京华，与定居于老君堂的父母团聚了，并在多所高校任教。直到1928年，他在准备出版《杂拌儿》时，才补写了《雷峰塔考略》一文。此文开篇一段有“昔之属余作此者，已阻人天，墓门宿草而悲绪弥永”之句。可知当年写作关于雷峰塔的文章，是岳父许引之督促安排的。而完稿于1925年3月10日的古风《西关砖塔塔砖歌》的副题，直接就是“为先舅父汲侯许君作”。另一首古风《西关砖塔藏宝箧印陀罗尼经歌》，虽作于1928年立春日，也不能看着是简单的“补记”之作，同样是对那段生活、对经历此事的追念和感怀。

多少年以后，当我们重读“两文双歌”时，还能够切身地感受俞平伯当时的心境，“天荒剧迹哀江南，我辈登临心转伤。霏尘觉梦一弹指，仰瞻俯瞩增徬徨”。根据俞平伯的考订，雷峰塔由五代吴越王钱俶于北宋开宝八年（975年）始建，因地处杭州旧城西关门外，因而得名西关砖塔，后来又几经更名，最终被通称为“雷峰塔”——建在南屏山支脉“雷峰”（郡人雷氏居此得名）的平冈山。俞平伯对塔砖和藏经作了精细入微的描述和考释，认定塔砖共分为有孔无字和有字无孔两种，“砖甚大，有字者一时不易觅。我只手取一无字残品，横贯有孔者归。备作砚用……”据记载，塔内藏经多达8400卷，但如今“存什一于千百矣”。俞平伯还论证，藏经的价值最高：“国内除敦煌所发见的唐写经外，恐怕要推此次的发见为巨擘了”“唐写经虽较古，此经则为北宋初年刻，约略计之距中国印刷术之发明殆不及百年；其价值殊不相上下。”但是，许多经卷，散失民间后，再也无可追回，而实际上，大多经卷已经毁灭了。这更是俞平伯心头难掩的痛。

在《燕知草》出版的时候，为聊补心中的缺憾，也能使雷峰倩影永驻人间，俞平伯特地邀请好友丰子恺画了一幅《雷峰回忆》，作为《燕知草》的插图。丰子恺是大画家，尤以漫画出名，又是著名文士，自然懂得俞平伯的心思，便也匠心独运，用白、蓝、橘红三色，铺陈出一幅特色鲜明的“雷峰夕照”来，全图以白为底色，大约是暗比“天水一色”之意吧；又以蓝色来写意摹状南屏山的逶迤；在绵亘的远山之麓，雷峰塔拔地而起，依稀可见塔顶上丛生的杂树，而塔体正面，夕阳正照射在雷峰塔上，洇透着舒徐的一抹橘红；波光滟滟的湖水中，倒映着蓝红相间的婆娑的塔影。整个画面，净明寥廓，朴拙淡雅，看是疏朗的几笔，已是神韵毕现，浑然天成，体现了一贯的大师手笔，和俞平伯的文章相得益彰、相映生辉。

无独有偶，关注雷峰塔倒掉的，不仅是浙杭的当地人，远在北京的浙江籍鲁迅也有耳闻了。鲁迅是见过雷峰塔的，“雷峰夕照”也见过，印象“并不见佳”。鲁迅对雷峰塔没有好感，原因是小时候听信于“水漫金山”的民间故事，知道是法海老和尚把白蛇娘娘镇压在一座塔下的，后来知道这个塔就是雷峰塔。于是，在闻听塔倒之后，他写了篇著名的《论雷峰塔的倒掉》，文中充分表达了对白蛇娘娘的同情，对法海的痛恨，觉得雷峰塔就是法海拿来镇压白蛇娘娘的法器，倒掉了，当然“活该”。1925年，鲁迅又写一篇《再论雷峰塔的倒掉》，又从另一个角度加以了论述，即民族的劣根性。因为雷峰塔的倒塌，是被人无端挖盗大量塔砖造成的。据说，塔砖放于家中，“凡事都必平安，如意，逢凶化吉”。这当然是迷信了。“凡这一种寇盗式的破坏，结果只能留下一片瓦砾”，如果不能唤醒民众的觉醒，还会挖毁别的建筑。“正如雷峰塔倒掉以后，我们单知道由于乡下人的迷信。共有的塔失去了，乡下人的所得，却不过一块砖，这砖，将来又将为别一自利者所藏，终究至于灭尽。”鲁迅无奈地感叹道。

鲁迅的“两文”论述，细一思之，其实和俞平伯的诗文有着相同的作用，都是在呼唤民众要爱护中华民族的传统文化，珍惜老祖宗留给我们的文化遗产。此愿望，直到现今，仍然有警示作用。但我们却见到许多古镇、古村落在消失，而不伦不类的仿古一条街、仿古建筑被复制在都市里。

2013年阳春三月，我去西湖采风，去了几处地方，也去看了新建的雷峰塔。老实说，在得知雷峰塔重现人间时，我明知道不会和倒塌之前的旧塔有什么瓜葛，但心底里并不排斥。因为雷峰塔的重建，和其他被毁古建筑的重建是不一样的，有的古建筑（如北京城墙），不是毁于自然灾害，而是人祸造成的。而雷峰塔虽然也和人祸有关，毕竟是毁于旧时政权下的人祸，重建理所当然。我思忖着新建的宝塔，虽然不能完全恢复原样，至少也装扮个八九不离十吧。如果能像德国德累斯顿大教堂重建那样，发动全市乃至全世界人民，搜集被盟军炸毁的大教堂的砖石，按原样恢复，更是完美不过了。即便不能，搞个做旧或仿古，也能聊补对旧塔的怀念。但，当我远远望见如此金碧辉煌、豪华气派的宝塔时，兴致大减，不禁抽身而退。我知道，此时的雷峰塔肯定有它存在的理由和价值，但它已经不是彼时的雷峰塔了，它们完全是两个不同的建筑，只不过是名字重复而已。如果俞平伯知道雷峰塔重建并建成现在的这副“高大上”模样，不知道老人是一种什么样的心情啊。

2014 年秋写于北京草房

## 白采和朱自清

有的作家，会在文学史上留下大名；有的作家，不过是一颗流星，划过天际后，便消失无声。白采便是这样一个“消色无声”的作家。

白采死后，朱自清和俞平伯都写过纪念文章，对他短暂的人生唏嘘不已，对他的才华表示欣赏，对他的死表示惋惜。两位新文学重量级作家同时为一个作者写文纪念，也是不多见的。

朱自清和白采是怎么“认识”的呢?

1929 年 5 月，已故青年诗人李芳的诗集《梅花》在上海开明书店出版，书前有朱自清写的一篇序。序的写作时间是在 1924 年 2 月 23 日。序中有这样的文字：“李君本是我在杭州第一师范时的学生，去年我来温州教书，他从故乡平阳出来，将他的诗集叫《梅花》的交给我删改。我因事忙，隔了许多日子，还未动手。而他已于去年八月间得了不知名的急病，于一二日内死在上海！我不能早些将他的诗修改，致他常悬悬于此，而终不得一见，实是我的罪过，虽悔莫追的！”

朱自清的这篇序言，和白采就沾上了关系。

在朱自清的散文《白采》里，说他和白采是“不打不成相识”，这里的“打”的“工具”，就是白采托俞平伯转给朱自清的一封信。“我是这样的知道了白采的。这是为学生李芳诗集的事。李芳将他的诗集交我删改，并嘱我作序。那时我在温州，他在上海。我因事忙，一搁就是半年；而李芳已因不知名的急病死在上海。我很懊悔我的徐缓，赶紧抽了空给他工作。正在这时，平伯转来白采的信，短短的两行，催我设法将李芳的诗出版；又附了登在《觉悟》上的小说《作诗的儿子》，让我看看——里面颇有讥讽我的话。我当时觉得不应得这种讥讽，便写了一封近两千字的长信，详述事件首尾，向他辩解。信去了便等回信；但是杳无消息。等到我已不希望了，他才来了一张明信片；在我看来，只是几句半冷半热的话而已。我只能以‘岂能尽如人意？但求无愧我心’自解，听之而已。”

上述文字告诉我们这么几个信息，一是，白采和李芳也是熟悉的，并且知道李芳已经将诗集交给朱自清删改了。二是，白采并不知道朱自清的地址，却知道俞平伯的通联方式，才请俞平伯转信。三是，白采写小说《作诗的儿子》，一来悼念好友，二来是用来“讥讽”朱自清。四是，朱自清虽然致白采一封长信，却没能得到白采的谅解或理解，只说了几句“半冷半热的话”。

那么，白采是何许人呢？

白采比朱自清和俞平伯都要大，出生于 1894 年 2 月 22 日，原名童汉章，字国华，一名童昭海。江西高安人，出身于富有人家，家里有店铺，有田产。白采 1911 年从筠北小学毕业后，没有继续升学，选择自修苦读这条路。此后多年，大约是从 1915—1918 年间吧，他几次离开家乡，学古时名士，漫游名山大川，写过不少诗章。1918年重阳节前，因想念家人、惦念父亲而回到家乡高安，结束了三年的漂泊生活。回家后，组织同学会，创办图书馆，做了许多实绩，并在高安县女子学校任教。1921年创作白话小说《乞食》并发表在上海有名的《东方杂志》上。由于充满纠纷的旧式家庭给他带来的烦恼，加之个人不幸福的婚姻，让他一度深感痛苦。白采于1922年春节后离开家乡，来到大都市上海，为了避其行踪，改名白采（后又称白吐凤），凭着自身的努力和聪明，又考入上海美术专门学校专攻西洋画，学余则进行文学创作，新诗、小说都写。1923年底毕业后，在上海做过教员，也做过报刊编辑。其间，和夫人住在上海，和刘延陵一家为邻居。因为创作上已经取得了不错的成绩，与创造社、文学研究会的许多作家都有交往，有的还很密切，就连郭沫若和他也有联系，和俞平伯更是书信不断。他的作品先后发表在《创造周报》《小说月报》《文学周报》《妇女杂志》等报刊上，仅小说就有14篇之多。白采的作品看似写生活中的日常琐事，家长里短，锅碗瓢灶，其实是在反映一个家国的兴衰和时代的风云。作品中，有他对社会、对生活、对人生的严肃思考。1924年，他写成著名的长诗《羸疾者的爱》。这是一首歌颂为生命的尊严而不惜献出生命的人的大诗，质朴、单纯而又充满力量。诗写好后，白采把它寄给俞平伯看。此后，白采于1925年秋天，到上海江湾立达学园任教员，时间不长，又应聘到厦门集美学校农林部任教。1926年暑假期间，他到沪杭一带漫游，返回时，在毫无先兆的情况下，病逝于船上，其时船已到达吴淞口。

白采的死讯，是朱自清正在写作评论《白采的诗》时得知的。朱自清十分悲痛和惋惜，不得不放下手里的工作，写下《白采》一文。

如前所述，自从俞平伯转来白采关于李芳诗集的信后，朱自清和白采开始了书信往来。俞平伯在给朱自清的信中，也常说起白采，说他是个有趣的人。这是俞平伯和白采频繁通信中得出的结论。朱自清和他几次通信之后，也感受到了白采的“有趣”。1924 年春天，俞平伯应朱自清之邀，去白马湖游玩访友，还把白采的长诗带在身上。3 月 11 日，俞平伯因要到宁波第四中学师范部讲演“中国小说之概要”，朱自清陪同一起前往。在火车上，俞平伯先是请朱自清看他写的诗剧《鬼劫》，然后又一起和朱自清阅读白采的长诗《羸疾者的爱》。朱自清在《白采》中是这样回忆的：“我在车身不住的动摇中，读了一遍。觉得大有意思。我于是承认平伯的话，他是一个有趣的人。我又和平伯说，他这篇诗似乎是受了尼采的影响。后来平伯来信，说已将此语函告白采，他颇以为然。”颇以为然大概是因为他和郭沫若通信中，郭也这样认为的，而白采也确实喜欢尼采的文章。俞平伯这次出游结束回杭州后，接连和白采通信，仅从 4 月到到 6 月的三个月中，就有五封信之多。信中，俞平伯还把朱自清要写一篇诗评的信息转述给了白采。在《白采》一文里，朱自清回忆说：“我当时还和平伯说，关于这篇诗，我想写一篇评论；平伯大约也告诉了他。有一回他突然来信说起此事；他盼望早些见着我的文字，让他知道在我眼中的他的诗究竟是怎样的。我回信答应他，就要做的。以后我们常常通信，他常常提及此事。”

在朱自清和白采通信时，俞平伯也继续和白采保持频繁的通信联系。俞平伯主要是钦佩白采的才华，到了后来，又想把他的长诗《羸疾者的爱》发表在《我们》杂志上。“我们社”是朱自清、叶圣陶、俞平伯等人成立的文学社团，成立时就决定出版同仁刊物《我们》。俞平伯想把《我们》办得红红火火，采取开放的形式，发表文学界朋友的优秀稿件，便想到了白采的这首长诗。但白采狂傲的一面此时表露了出来，对俞平伯多次的好意不理不睬，并以“不愿传露”为由拒绝了俞平伯。还说，即使“必不得已第一次发表亦不欲假手他人”。这也算是白采“有趣”的个性之一吧。《我们》没办成，倒是一连出版了《我们的七月》和《我们的六月》，所发表的内容全是朱自清和俞平伯二人的文学作品，以小品文、诗、书信为主打，算是《我们》一种变通的产物吧。

但是，朱自清事情实在太多了，繁忙的工作，劳心的家事，让他实在抽不出时间写一篇关于白采的评论。“但现在是三年以后了，我才算将此文完篇；他却已经死了，看不见了！他暑假前最后给我的信还说起他的盼望。天啊！我怎样对得起这样一个朋友，我怎样挽回我的过错呢?”朱自清在《白采》中如是说。

朱自清的真心痛惜，在俞平伯也是感同身受的。他也回忆了和白采几年的笔友生涯。在《〈与白采书〉跋语》里，俞平伯说：“那时，我们尚互以‘先生’称呼着，‘甲子端午前一日’采来书曰：‘平伯，我喜欢恰在夏历端午，你能接着我这张信，以后彼此把这先生两个字取消，好么?’以后便兄啊君啊乱叫起来。”关于白采，俞平伯始终未能相见。俞平伯在杭州，白采在上海，要想见一面并不难。俞平伯不是经常和在上海的叶圣陶、郑振铎等朋友见面吗？俞平伯“曾一度访他，而始终未见”。白采倒是爽快，曾在给俞平伯的信中说：“当然我们的见不见不算事，久不见愈妙！因为不见反正也想见也。”说是这样说，在另一封信里，他还是流露出想见的意思：“途远讯慵，所怀不易一一；何日把晤，尤萦驰系！若能作名山五岳之游，则当于足下携榼石，白眼青天而矣！梦思千里，慨叹以之！”俞平伯也不无感慨："尚无一见之欢，而已有人天之隔。以出世法言之，采君呢，应无所恨，惟在我，则决不能无所眷眷与怅怅的。"

其实，朱自清和俞平伯在上海时，"到西门林荫路新正兴里五号去访他：这是按着他给我们的通信地址去的。但不幸得很，他已经搬到附近什么地方去了；我们只好嗒然而归。新正兴里五号是朋友延陵君住过的：有一次谈起白采，他说他姓童……他的夫人和延陵夫人是朋友，延陵夫妇曾借住他们所赁的一间亭子间。那是我看延陵时去过的，床和桌椅都是白漆的；是一间虽小而极洁净的房子，几乎使我忘记了是在上海的西门地方。现在他存着的摄影里，据我看，有好几张是在那间房里照的。又从他的遗札里，推想他那时还未离婚；他离开新正兴里五号，或是正为离婚的缘故，也未可知。这却使我们事后追想，多少感着些悲剧味了"。（朱自清《白采》）

虽然俞平伯最终没能和白采相见一面。倒是朱自清和白采有过一次短暂的相见：

> ……那是在立达学园我预备上火车去上海前的五分钟。这一天，学园的朋友说白采要搬来了；我从早上等了好久，还没有音信。正预备上车站，白采从门口进来了。他说着江西话，似乎很老成了，是饱经世变的样子。我因上海还有约会，只匆匆一谈，便握手作别。他后来有信给平伯说我"短小精悍"，却是一句有趣的话。这是我们最初的一面，但谁知也就是最后的一面呢！
>
> 去年年底，我在北京时，他要去集美作教；他听说我有南归之意，因不能等我一面，便寄了一张小影给我。这是他立在露台上远望的背影，他说是聊寄仁盼之意。我得

此小影，反复把玩而不忍释，觉得他真是一个好朋友。这回来到立达学园，偶然翻阅《白采的小说》，《作诗的儿子》一篇中讥讽我的话，已经删改；而薰宇告我，我最初给他的那封长信，他还留在箱子里。这使我惭愧从前的猜想，我真是小器的人哪！但是他现在死了，我又能怎样呢？我只相信，如爱墨生的话，他在许多朋友的心里是不死的！

——朱自清《白采》

朱自清这篇《白采》正是写于上海立达学园，时间是1926年8月底。当时朱自清虽然人在清华教书，家还在白马湖。他是暑假探家回京时路过上海的，评论《白采的诗》写于8月27日。他于29日在上海见了叶圣陶，30日晚上更是参加了一次大的活动，即消闲别墅的晚宴。这是在上海的文学研究会会员的一次公宴，主要是请鲁迅，同时也是为朱自清北上饯行。出席晚宴的还有鲁迅、郑振铎、刘大白、陈望道、沈雁冰、叶圣陶、周予同、王伯祥等十数人。从文后署的写作地址推测，朱自清当时应住在立达学园。

白采的死给朱自清震动不小。从北大毕业这几年，朱自清奔波于江南多地教书，并不太顺利，一是家里负担重，经济上不能保障，二是社会上许多阴暗现象让他忧心。虽然发表了许多重要的作品，如《毁灭》《笑的历史》《桨声灯影里的秦淮河》《温州的踪迹》等作品，生活上却依旧十分贫困。在温州时，连请朋友吃饭的钱都没有，曾多次举债过日，搬家时，连路费都凑不齐，只好当了皮袄才上船。为了省下每月的会费，主动要求退出朴社。工作也不能保障，从浙江一师，到扬州八中，到中国公学，再到浙江一师，然后是台州、温州、白马湖、宁波、温州、白马湖、北京，仅从他奔波的路径看，也实在是够辛苦的，还经历了几次风潮，一度甚至想脱离教育界，托叶圣陶、茅盾等多人找工作都不能如愿（在清华任教也是俞平伯托胡适介绍的）。还有许多年轻朋友的死（新诗《挽歌》里的一师学生范尧深、青年诗人李芳、清华学生韦杰三等），经历了“五卅惨案”“三一八惨案”，这些都让朱自清伤怀难忘，所以才在四五天内，写下两篇关于白采的文章。

2014 年 12 月 21 日于北京五里桥草房

## 柳无忌和朱自清的异国友情

据说人生有几大幸事，“他乡遇故知”便是其中之一。

朱自清只身一人在伦敦大学听课，学习语言和英国文学，正准备按部就班施行自己的计划时，没曾想遇到了他的学生柳无忌！朱自清在日记里写道：“上午在查林路口忽遇柳无忌君，大喜。”这一天是1931年10月10日，是朱自清在伦敦大学听课的第二天，真是世界之大无巧不有。

柳无忌父亲是大名鼎鼎的南社诗圣柳亚子，受家庭熏陶，柳无忌从小就显露出语言天赋，随父亲见过许多南社名人。后来在上海圣约翰学校读书，英文成绩尤其了得，17岁时就能将拜伦的《哀希腊》一诗译成中文。1925年柳无忌进入清华学校。朱自清当时刚入清华，给旧学制的学生讲“李杜”诗，柳无忌正是这个班上的学生。可能受家学影响，柳无忌喜欢中国古典诗词，对李杜诗也是情有独钟，老师讲得卖力，学生也学得认真，一学期下来，柳无忌居然交了一篇两万多字的关于“李杜”的论文给朱自清。朱自清看了，大为吃惊也大为赞赏。

从此师生间相互留下了很好的印象。在清华的两年，柳无忌也有回忆："1925 年夏天，悲惨地回到黎里（吴江县一小镇）家里，对于前途一点也没有把握的我，已是十八岁了。幸而在清华学校教书的二舅父郑桐荪，为我设法从后门（不经过考试）送进清华园，在那里度过了两年最愉快的学生生活。"

柳无忌在一篇文章中，叙述他在清华园与梁启超接触的一个有趣的小故事。当年，清华国学研究院有好几位著名教授，其中最引人注目的是梁启超和王国维。柳无忌受其父影响，从小就对苏曼殊的作品进行过搜集和编辑，是个百折百扣的"苏迷"。此后他一直都在搜集苏曼殊的作品。后来，他偶尔得到一部《班定远（班超）平西域记》的书，作者署名为"曼殊室主人"。柳无忌为之大喜，以为"曼殊室主人"就是苏曼殊，这本书也就是苏曼殊的新发现之作。但其父柳亚子提醒他说，好像梁任公也曾用过"曼殊室主人"的名号。因此叫他就近向梁启超询问清楚。他果然去见梁任公。结果呢，柳无忌写道，"我不虚此行，但是失望了"。梁启超告诉他，他本人就是"平西域"剧本的作者。

1927 年，柳无忌在清华毕业，公费赴美国留学。次年，柳无忌取得美国劳伦斯大学学士学位，随即转入耶鲁大学研究院攻读英国文学。1931 年，柳无忌以论文《英国浪漫主义诗人雪莱》获得美国耶鲁大学文学博士学位，旋即赴欧洲进修，主要任务是搜集藏在英、法、德等国图书馆中的中国旧小说。就是在英国进修、工作期间，和朱自清邂逅于伦敦街头。多年后，柳无忌在回忆文章中写道："抵伦敦还不到几天，住在不列颠博物院附近一家小公寓内，有一下午在街上溜达，忽然迎面来了一个比我更矮的东方人；走近一看，是个中国人的相貌。我们大家停步，面对面相互谛视，觉得有点面熟。就这样，我无意地遇到了在清华大学教我李白、杜甫那门功课的朱自清老师。他比我大不了几岁，我又是他的一个好学生，在异域相遇，有一番亲切的感觉。”

朱自清和柳无忌在伦敦僻静的马路上邂逅几天之后，二人就一起参加了留英学会的一个活动，此后，二人交往便密切起来。1931 年 10 月 22 日下午，朱自清和柳无忌一起观看了话剧《轰动一时》，11 月 5 日，和柳无忌参加诗集书店所办的读诗会，听英语诗朗诵。11 月 17 日两人一起赴格尔斯登格林剧院看歌剧《船夫们》。朱自清的英文水平自然不能和柳无忌相比，两人参加各种活动时，对于生僻或怪异的词汇，朱自清想必也会请教柳无忌。柳在《与朱自清同寓伦敦》里说：“我正在寻找可以安身的住处，与他的计划不约而同。最好不过的，如能找到一个地方，我们可以同住，比较热闹，有照应。朱自清的英文会话有困难，我毕竟在美国已住了四年；对于我们，伦敦虽同为异地，我却以老马识途自居了。”有了口语能力出众的柳无忌常常相伴，二人相处也更加投机了。11 月 19 日晚上，二人又赴基尔德会堂所办的读诗会，听约翰·高尔斯华绥朗诵自己的作品。朱自清在日记里说：“这个朗诵会是为了支持非洲动物保护协会而举办的。高尔斯华绥先生的声音非常清晰，节奏分明，他朗读自己写的小说和剧本的片断，并且按照不同的内容而变换声调。最后，他朗诵了自己手稿中的几首诗。”诗人喜欢朗诵，我是早就知道的，我身边的一些诗人，无论名头多大或多小，都喜欢在酒桌上或诗会上朗诵自己或别人的诗，而且都是情感百分之百地投入。但朗读小说我听的不多，只有一次，是 2014 年春天，《小说选刊》举行“茅台杯”的颁奖仪式，会上请了几个善于朗诵的年轻编辑和小说家朗诵获奖作家的小说，听了居然也很有感觉，原来小说也是适合朗读的，而且听起来别有情味。朱自清能够在1930年代听高尔斯华绥朗读他自己的小说和剧本，想必更有新鲜之感吧。不过这次朗诵会还有一个小插曲，朱自清在日记中有详细记述：当高尔斯华绥“朗读完他的剧作《正义》中一个法官的一段话时，从剧场楼厅上传来了一个人的声音。我听不懂他的意思，但相信他是在提抗议。这是一个老头儿，他好几次向高尔斯华绥先生挑战，但没有成功。听众阻止他大声说话。那老头的嗓门越高，听众们就越是向他进行牵制性的示威。高尔斯华绥先生只在他开始起哄时回答了他第一句问话，后来就静静地听他说话。过了一会儿，高尔斯华绥先生向听众问道：‘你们愿意听完这个朗诵吗？’听众们答以雷鸣般的掌声和跺脚。”到这里，朱自清和听众一样，对这个提问者也心存不满了。但当朱自清“在门口遇见古怪的人”时，发现“他是一个穷工人”，便立即“改变了看法，重新评价他的挑战”。在这次欧游中，朱自清日记中有多次记载参加诗会的记录。在朱自清1932年回国后的10月14日，朱自清出席清华中国文学会迎新大会做演讲时说：“英国的读诗会，本人曾听过几个，一次，是在一条小胡同内，找了半天才找到，是一间诗集店，主人，主妇，都会做诗。每到一定时间，有一个读诗会，有一人宣读。票价六角。有一次是店主太太宣读，听众都是女子，只有本人和另一男子，躲在后边，不敢出头。其余两次，都是很大的读诗会。可见在英国，很常见。”

时间不久，朱自清和柳无忌就在伦敦北郊芬乞来路找到了一处理想的房子。柳无忌在《与朱自清同寓伦敦》里介绍道：“这是一家老式的房子。当年它应是十分漂亮、阔绰的，可是现在却与主人同样的命运。当我们按铃时，一个爱尔兰女佣人把我们接进去，跟着房东太太与她的女儿也出来，与我们交谈。她们温文有礼，说有两间房，愿意租与东方人。这样，我们就在‘维多利亚时代的上流妇人’，希布斯太太家中住下了。”在两人挑选房间时，朱自清虽然有清华大学的津贴，但月费不一定比柳无忌多，加上还要接济国内的家用，就挑了一间侧房，而把一间大的正房让给了柳无忌。二人住进之后，和房东一家相处很好，柳无忌继续说，“我们每天与希太太及小姐同进早餐与晚饭。这是英国租房的惯例，与美国不同；除午饭外，房客餐宿于寄寓的家中，与房东太太保持相当友谊。在这方面，朱自清与我做到了”。

朱自清有了稳定的住处，心也定了下来，开始执行自己的计划，除了听课外，就是到处参观、看戏、逛书店、听音乐。每天早上，他和柳无忌从房东家出门，步行不远就是芬乞来路上的公交车站，两人一同等车，一同进城。乘车并不拥挤，乘客也都彬彬有礼。到了不列颠博物院附近，与柳无忌分手，各奔各的目的地。

秋冬季的伦敦，雾很重，在街头常有伸手不见五指的感觉。街头的公共汽车也有意思，除驾驶员外，还得有一个帮忙的人，姑且叫“辅驾”吧，即协助驾驶员开车的意思。辅驾在马路上高举一个火炬，引导汽车慢慢吞吞地向前行驶。平常十分钟的路，雾重时要走几十分钟。即使到了市中心，灯火通明了，也还有阴暗的感觉。朱自清就是在这样的天气中开始了一天的工作。

忙了一天后，朱自清回来继续工作，躲在自己的小房间里，不是写信就是写日记，或者看书。柳无忌回来时，每次看他都在伏案工作。所以除了吃饭时间，二人很少在各自的住处交谈。不过对于他们共同的房东，朱自清和柳无忌都有好印象。朱自清还专门写过一篇《房东太太》，把房东太太这位“维多利亚时代”的刻板而守旧的老妇人的性格描写的淋漓尽致。不过房东太太是个善良的人，她家的饭菜也不坏，对朱柳二人都还尊重、客气。朱自清在《圣诞节》里有一段和她家一起过圣诞节的描述：“圣诞节的晚上，在朋友的房东太太家里。照例该吃火鸡，酸梅布丁；那位房东太太手头颇窘，却还卖了几件旧家具，买了一只二十二磅重的大火鸡来过节。可惜女仆不小心，烤枯了一点儿；老太太自个儿唠叨了几句，大节下，也就算了。可是火鸡味道也并不怎样特别似的。吃饭时候，大家一面扔纸球，一面扯花炮——两个人扯，有时只响一下，有时还夹着小纸片儿，多半是带着‘爱’字儿的吉语。饭后做游戏，有音乐椅子（椅子数目比人少一个；乐声止时，众人抢着坐），掩目吹蜡烛，抓瞎，抢人（分队），抢气球等等，大家居然一团孩子气。最后还有跳舞。”只是，朱自清把房东太太称着“在朋友的房东太太家里”，让我疑心不是朱自清的希太太的家里。但是从他的日记和文章《房东太太》及柳无忌的文章中判断，又确实是在希太太家里过的圣诞节。柳无忌也喜欢这位房东太太，说她“对房客的膳食从不吝惜……因此我们住得好，吃得好，而使朱自清更高兴的是他有听讲英文的机会。……那位房东小姐（她高出我们两个头）平时很静默，我们两个东方人更不大讲话，所以饭桌上只有老太太滔滔不绝地谈天说地，把他们家中的一些故事都搬了出来。小姐有时补充一两句，我们偶尔也参加一些赞许的话，表示听得津津有味。那时候，希布斯太太高兴了”。

朱自清也会和柳无忌一起去郊外游玩。他们去过一个叫Hampstead的旷野散步。“那不是一个整齐的用人工布置的公园，只是一片浩漫、没有边际、灌木丛深的原野，望出去有旷然无涯的感觉，好似置身在大自然的怀抱中。”（柳无忌《与朱自清同寓伦敦》）这里有很多游客，而且还有许多现代诗人和作家也住在这里，比如散文家约翰逊博士、戏剧家高尔斯华绥等，朱自清能在这样的旷野上呼吸新鲜空气，和伦敦的当地人共同游览郊外风光，必定也是心旷神怡的。

1932 年 1 月 7 日，朱自清还和柳无忌二人一同去吉尔福特大街十八号访问林语堂。林语堂特别开心，跟两位中国作家介绍他的中文打字机的设计。这位早早就出名的文章家，大概对于书写的效率很不满意吧，又累又慢，书写往往跟不上思维。见过世面的林语堂，从英文打字机上找到了灵感，或给了他启发，居然花了不少时间琢磨起了中文打字机来，而且其原理还靠谱。面对两位更年轻的书写者，他大大地卖弄了一回。不久之后，林语堂又请朱自清到新粤酒家吃了一回。

在欧洲近一年的时间里，朱自清不仅和巧遇的柳无忌成为好邻居，还常常遇到别的朋友，比如和文字学家唐兰一起去英国国家美术馆参观，专程到米尔斯旅馆看望住在这里的李健吾等，后来在柏林的一个茶话会上还见到蒋复璁夫妇并认识了冯至。冯至还请朱自清吃了一顿家宴。1932 年 6 月 19 日，朱自清和蒋复璁、冯至还一起去游览了无忧宫。更有趣的是，朱自清在临回国那段时间的游览中，居然几次邂逅柳无忌夫妇。其中有两次还大大游玩一通，一次是在瑞士的少妇峰（处女峰），一次是在意大利那不勒斯。朱自清的散文《滂卑古城》，写的就是那次的游踪。

他乡遇故知，给朱自清的异国游学和旅行带来了许多惊喜，也给他带来便利和亲切，是这次游学、考察的意外收获。

2015 年 1 月 18 日于北京

## 南岳山中

南岳圣经书院掩映在衡山险峻的半山腰上，四周环境很美，层峦叠翠，峡谷幽深，流泉飞瀑，历代都是风景绝佳之地，吸引许多游客流连忘返。

1937 年秋冬季节，朱自清和清华大学许多师生一起，在这里度过了难忘的三个多月。此时，清华大学和北京大学、南开大学组成了国立长沙临时大学。临大的文学院就设在这里。

朱自清是在 1937 年 11 月 3 日那天，和临时大学同事闻一多、陈梦家、叶公超、罗皑岚、柳无忌、金岳霖、冯友兰等教授二十多人，从长沙来到南岳衡山的。来自南开大学的柳无忌在日记中记述了那天的情景："冒着长沙秋天时有的朦朦细雨，于九点一刻开车，路上的风景不错，惟车行太快，惊弓之鸟的我不免悸悸。幸而一路平安，雨也渐止，天霁了。车在下摄司摆渡，经湘潭、衡山，在一点左右到达南岳市公路车站。在站旁中国旅行社招待所进行午餐，我们一行人就出发上文学院所在地圣经学院。在市内买手杖一枝。步行，经南岳寺、图书馆、黄庭观、白龙潭，约一小时许而达圣经学院。又自校止上，石阶三百四十四级，拾级而登，汗流气喘，乃抵临大文学院教员宿舍，即圣经学院西人教员住舍。为一小洋房，位在校址之巅，下望溪谷，仰视群山，四周尽是松树花草，堪称胜地。”柳无忌的描述够详细的了，但我们还可从冯友兰的描述中得到补充：“这座校舍正在南岳衡山的脚下，背后靠着衡山，大门前也有一条从衡山流下来的小河。大雨之后，小河会变成一个小瀑布。地方很是清幽。在兵荒马乱之中，有这样一个地方可以读书，师生都很满意。”

朱自清因为是文学院院务委员会的召集人，又是临大中文系教授会主席（相当于中文系主任），到了圣经书院，屁股还没坐稳，就开始了工作——主持分房。战时工作也简单，教员宿舍的房子有大间和小间，就采用抽签的办法。有的两人一间，有的一人一间。比如柳无忌就抽得一双人间，和罗皑岚同住在楼上 201 室，房间虽然不大，又朝北背阴，但风景极佳。柳无忌说：“开窗一望，高山数头，松树千枝，亭亭直立，颇觉幽爽。”朱自清抽得一单人宿舍，这倒也符合他的个性，另外他毕竟是教授会主席，有很多校务需要他处理。所以这间屋不仅是他的宿舍，也兼作了办公场所。

安顿下来之后，因连日苦雨不断，朱自清和其他教授一样，躲在湿冷的房间里看书背课，时而串串门，和教授们议论一下天气，议论一下南岳美景，更多的是议论时局，议论从战火中赶来的、尚在路上的各地学生，不免为他们担忧。但毕竟还是有校舍了，虽然远离繁华的都市，虽然地处封闭的深山，毕竟不再因战火奔波，也不用在日伪的眼皮下受气，还是深感欣慰的。那么家中妻小的情况还好吗？十多天前，汇往扬州的八十块钱收到了吗？这些都是朱自清挂念的。由于无电，只能点着油灯照明，在如豆的灯光下，朱自清矮小的身影照映在古老的墙壁上。

离原定的11月18日开学还有些天，许多教授做了简短的准备之后，有的顶风冒雨上山游览，更多的人待在室内不愿外出。朱自清大约也只在四周走了走，看了看。虽然寒冷，虽有雨雾，四周的山景还是很有看头。从柳无忌的日记中，我们知道了那几天的雨中文学院附近的景象，说不上美好，却很真实。节录如次：

十一月四日

午后大雾拨开，仍阴。饭毕，下石级散步，斜走一小径，约数十步，下眺山谷，心旷神怡。见斜坡上有一鲜红野花，未得攀摘之。树上正开白花，闻之不香，不知结何果实。野草树叶，少数已红，有将变红者。来日红叶满山，夹在青翠之松柏间，一定十分可爱。徘徊观望久之……

十一月五日

……山中赏雨，也是一件雅事，但是我总希望天晴，好出去走走。一天没有离屋子，怪闷的，弥漫的大雾，看不到远景，从窗中望出，只见浓重的雾气，盖上了远近的山头，只余下屋旁一排一排的松树，萧杀地立着。有时雨大雾小，又有时无雨有雾，极尽变化的能事。山中打雷也与他处不同，不是霹雳一响，却连续的轰轰隆隆几声，有一种节奏，但乍听时有些害怕，仿佛天地末日快要来临了。

十一月六日

雨一夜未止。今日仍大风雨，可说最凄凉的一天。今晚——当我写此日记时——更是狂风骤雨交加，闹得窗户砰砰作声。我的房间朝西北，正好当风口，虽然关上玻璃窗，依旧风从缝入，吹得冷飕飕的；雨打窗，又从隙间钻进，近窗处满地皆水。房顶上有几处滴漏，真是不得了也。

**十一月七日**

昨晚狂风怒吼，一夜未止，山风可畏哉！今日天气奇冷，不时飘雨，晚上逆风又起，我已经将所有衣服尽穿身上，而犹不觉暖。未来的冬天不好过也。

从节录的柳无忌的日记中，知道了圣经书院连日不断的凄风苦雨，也知道了堪称中国文化精英的朱自清和临大教授们日常的生活。他们的坚守，他们的担当，他们在国难时所表现出的吃苦精神，无不让人动容。更何况，他们的伙食又很差。在柳无忌的日记里，常有“硬饭粗菜”“食无鲜肉”这样的字眼，还说“湖南米饭硬得粒粒可数，吞之，不能细嚼……我有个念头：给我一包花生米，佳酒一壶，慢慢的饮，细细的嚼，必定美味不过”。

但天一放晴，这些大学教授们又像孩子一样爬山游玩了。

1937 年 11 月 9 日这天，朱自清和闻一多、吴达元、杨业治同游南台寺、福严寺、上封寺、祝融峰、藏经殿等衡山胜迹。闻一多是朱自清朋友兼同事，吴、杨二人是朱自清学生兼同事，四人一起上山，一起游玩古寺，观赏山景，必有不少共同话题吧。南台寺、福严寺都是名声很大的古寺，前者有“天下法源”之称，它建于梁天监年间，是六朝古刹，原是海印和尚修行的处所。在寺院后左边的南山岩壁上，有一如台的大石，传说当年海印和尚常在这块石上坐禅念经，所以寺名“南台”。福严寺在历史上出现了如楚圆、保宗、慈感、文演等一代宗师。这两大古寺和祝圣、上封二寺并称“南岳四大名蓝”。朱自清一行四人，且走且看且聊，刚下过雨的山景、森林，在阳光下显得清新炫目，林更绿了，山更青了，山道旁不时有溪流瀑布挂在山崖，发出各种悦耳的声响，像大型交响乐，身边的岩石上，更有水滴叮咚地落在石阶上，鸟鸣也从道旁林间欢快地响起，像是热烈欢迎远道而来的客人。攀爬了一段险峻山路，回首寻找圣经学院时，居然完全被林木所淹了，费了老大的劲才看到宿舍的一个楼角。到福严寺里，但见寺里有千年银杏古树，庙舍威严，下望绿树红土，耕田如环，河水若带。朱自清等人在寺中徜徉一会，是否想起宋朝著名诗人杨万里的《崇德道中望福严寺》呢？朱自清、闻一多等都精通古典文学，大约早就熟悉这位诗人的赞咏吧：“一径青松露，三门白水烟。殿横林外脊，塔漏隙中天。地旷迎先见，村移眺更妍。追程坐行役，不得泊春船。”据柳无忌日记中所记，此时的寺中聚集了不少来自全国各地的军人和学生。他在寺中见到不远处的平地上，有兵丁二十余人在操练，寺中还住有中山大学农学院的师生二十多人，午饭时更是军、学、僧同坐一桌，气氛十分融洽。

在去祝融峰的途中，朱自清一行还看了如狮子一样屹立的天然巨石，就是著名的狮子岩了。到了开云亭时，稍坐小憩。有题字曰：“精诚所致，衡岳云开。”正好暗合了连续几天的阴风苦雨，此时正好阳光灿烂，更是一路欢声上了上封寺。这次游山共玩了两天，晚上宿在上封寺。

雨后的南岳名胜，朱自清粗略地走马观花一回后，立即开展工作，首先给临大清华办事处去信，商谈俞平伯、闻一多、余冠英的休假及薪水诸事——按规定，闻一多和俞平伯、余冠英一样都应该休假，是朱自清写信给闻一多，让他暂缓休假赴校上课的。朱、闻是好朋友，相互都很了解。闻一多得信后，知道朱自清这边需要他，便放弃休假，率全家于10月22日赶到了长沙。当时朱自清非常感动，亲自到火车站迎接，路上就商量课程安排诸事。现在开学在即，关于他三人的诸多事情得向校方重新确认。

朱自清一边筹备上课，一边给朋友写信，仅给俞平伯就一连写了好几封信。孙玉蓉编纂的《俞平伯年谱》里，多次记录了俞平伯收到朱自清信的记录。如1937年10月29日，收到16日寄自长沙临时大学的信。这是朱自清到长沙后，俞平伯收到第一封朱自清的信，当天就回了信。11月19日，收到朱自清3日寄自长沙的信，11月28日，收到朱自清两封信，一封是朱自清写给俞平伯的信，另一封是朱自清写给临时大学关于俞休假一年薪金待遇的信。可能是战时邮路不畅吧，12月8日才收到朱自清10月29日从长沙发来的信。1938年1月18日、20两天，收到朱自清分别于1937年12月26日和11日寄自南岳的信，先寄出的信后收到，这也说明邮路的艰难。从俞平伯的相关资料上看，朱、俞二人的频繁通信，一是因为俞平伯的休假事，二是朱自清的妻小还在北京，三是俞平伯的两个女儿此时正在临大读书。1938年1月6日，俞平伯写信给浦薛风，托其照顾已转入临大读书的两个女儿，并寄七律一首："泽中鸿雁几辛酸，逆旅长安菽水难。少日谁知堪北虏，屏居今喜尚南冠。原来绯绿逢场戏，只在青黄反手间。岂必虫沙酬故劫，清霜不媚谢庭兰。"2月6日中午在宴请朋友时，又向其了解西南临时大学的情况，关心那里的许多朋友。8日下午，和夫人一起专程去看望朱自清夫人陈竹隐及其子女。

之所以不厌其烦地例举朱自清给俞平伯写信，是说明朱自清在南岳圣经书院的临大文学院一直是繁忙的，不仅给朋友写信，家书也不会少。柳无忌在《南岳日记》中，就有多次给爱人、父母写信的记录。朱自清也是凡人，何况他的家人还分别居住在北京和扬州呢。1937 年 12 月 17 日朱自清在日记里写了一首诗给夫人陈竹隐，诗云：

勒住群山一径分，乍行幽谷忽干云。
刚肠也学青峰样，百折千回只忆君。

就在忙忙碌碌中，临大文学院正式开学。本学期朱自清开设的课是“宋诗”和“陶渊明”。

此时的长沙临时大学，是在日寇大举进攻北平、天津后，由北京大学校长蒋梦麟、清华大学校长梅贻琦、南开大学校长张伯苓、湖南教育厅长朱经农、湖南大学校长皮宗石、教育部代表杨振声六人为筹备委员组建起来的，指定三校校长为常务委员，杨振声为秘书主任，校址设在长沙韭菜园一号原圣经学堂旧址里。共有教师 148 人，职员 108 人，学生 1452 人（包括借读生 218 人，招收新生 114 人），合并为文、理、工、法商 4 个学院 17 个系。因韭菜园一号校舍不够，又将文学院迁到南岳圣经书院，对外称为长沙临时大学南岳分校。

闻一多在《八年的回忆与感想》中说：“记得教授们每天晚上吃完饭，大家聚在一间房子里，一边吃着茶，抽着烟，一边看着报纸，研究着地图，谈论着战事和各种问题，有时一个同事新从北方来到，大家更是兴奋地听他的逃难的故事和沿途的消息。……南岳是个偏僻地方，报纸要两三天以后才能看到。世界注意不到我们，我们也就渐渐不大注意世界了，于是在有规则性的上课与逛山的日程中，大家的生活又慢慢安顿下来。”柳无忌在 1937 年 11 月 28 日日记中写道：“晚同炳之（罗廷光）

去仲济处，阅报及听广播消息。山居如世外桃源，报来不易，有客自长沙来，乃群集询问之。返舍去佩弦师（朱自清）室，诸人又来打听我们听到的消息。闲谈至九时半。”

是的，大学虽然冠以“临时”，朱自清和其他师生一样，是准备做长期打算的。课余之际，他们在校园附近的山道上漫步，去山上的各个名胜景点游览，无论是漫步还是游览，都不忘探讨学术。朱自清也开始了他的研究和写作，1937 年 11 月 28 日，朱自清费时五天，写成一篇《文选序“事出于沉思、义归于汉藻”说》。朱自清后来又写了散文《出北平记》，写了泰恩·萨凯《在昨日之前》的书评和《日本语的欧化——谷崎润一郎〈文章读本〉提要》《日本语的面目》等。又写了陈子展《近三十年中国文学史》的书评。可惜这些文章除少数几篇留下外，其余都散佚了。

有的以逛山为乐，也有的做起了打油诗。北大副教授容肇祖就发挥了自己的才干，做打油诗数首，把住在南岳圣经书院宿舍的许多老师的名字都嵌进了诗里，挺有趣味：

冯阑雅趣竟如何（冯友兰）
闻一由来未见多（闻一多）
性缓佩弦犹可急（朱佩弦）
愿公超上莫蹉跎（叶公超）

鼎沈洛水是耶非（沈有鼎）
秉璧犹能完璧归（郑秉璧）
养士三千江上浦（浦江清）
无忌何时破赵围（柳无忌）

从容先着祖生鞭（容肇祖）
未达元希扫虏烟（吴达元）
晓梦醒来身在楚（孙晓梦）
皑岚依旧听鸣泉（罗皑岚）

久旱苍生望岳霖（金岳霖）
谁能济世与寿民（刘寿民）
汉家重见王业治（杨业治）
堂前燕子亦卜孙（燕卜孙）（此绝冯芝生作）

卜得先甲与先庚（周先庚）
大家有喜报俊升（吴俊升）
功在朝廷光史册（罗廷光）
停云千古留大名（停云楼，我们的宿舍）

打油诗不仅体现了教授们的才情，也是他们苦中作乐的一种消闲吧。

说到苦中作乐，冯友兰在他的自述里也有透露：“有一次在饭厅吃饭，菜太咸，有人说，太咸也有好处，可以防止人多吃菜。闻一多随口用汉儒解经的套子说：‘咸者闲也，所以防闲人之多吃也。’”闻一多还兴致很高地做一首诗，云：“惟有哲学最诡恢，金公眼罩郑公杯。吟诗马二评红袖，占卜冗三用纸枚。”冯友兰解释说：“这是为了嘲戏哲学系的人而作的。哲学系的金岳霖眼睛怕光，经常戴一副眼罩。郑昕喜欢喝酒。第二句是指他两人说的。当时吴宓有一首诗，其中有‘相携红袖非春意’之句，我认为不很得体，第三句就是指此而言。第四句是说沈（冗三）有鼎，他正在研究周易占卦的方法，用纸枚代替蓍草。”

闻一多性情爽朗，菜咸他都有心情调侃，对于打油诗，他就更是在行了。关于吴宓的“红袖”诗，还有尾声，冯友兰继续写道：“我们住的那座楼旁边有棵腊梅。那时腊梅正开，站在楼上栏杆旁边，恰好与腊梅相齐。有一天闻一多同我又说起吴宓的那一句‘红袖’诗，他随口说出了一句诗：‘每饭不忘红袖句’，我随口应了一句：‘凭栏唯见腊梅花’。”

郑昕在《怀念佩弦先生》一文中也记述了那一时期临大文学院和朱自清的事，摘要如下：

> 没有人手头有够用的书，学校也还未来得及替我们预备一个图书室，好在每人只教两样功课，每周上课四五小时。除上课外，大家集体的“上”“下”，“上”是上山：半山亭，南天门，上峰寺，方广寺，藏经殿，虎跑泉等等，有时在寺中留宿，看日落日出；“下”是到山脚下的小镇买买日用必需品，或在小馆子里吃湖南腊肉就白酒。上山下市，都少不了佩弦。我当时对于他的印象是坦白、诚恳、短小精悍的人。他爬山饮酒，都能尽兴，从来不肯示弱。我的履平地，登高山，习惯上是越走越快，在这批中年人的队伍里，我荣任了行路冠军。在有一次爬上峰寺的途中，佩弦和我边走边谈，从来他说话都有些急促，快到山顶时他才松一口气说“我走不过你！”我才知道他想超过我。他爱饮酒，酒量并不太大，大约白酒四五两之间吧。他从不少喝酒四五两，也没有一次别人举杯他不举杯的。酒微酡时，谨慎便盖不住他的豪爽；然而他从不失态。在这几十个同事和几百个同学的集体生活群中，他好像始终负着“主委”一类的责任，因为他细致、和蔼、勇于任事而且具有一颗公平的心。

文中所记的朱自清，活灵活现地出现在我们面前了。

朱自清就在这样的环境和气氛中，迎来了 1938 年元旦，文学院师生也搞了个简短的联欢会。吴宓在 1937 年 12 月 31 日日记中写道：“晚，在图书馆，即宓等居室之楼下，开分校师生新年同乐会。沿长案列座，直简朴之糕点，以祝昔在北平清华，真可谓流离中之欢聚也。有冯、钱诸公讲演；有自前线工作归来的学生报告；有各种谐谈；有涂文、李劭、傅幼侠之唱京戏，浦江清、李有鼎之唱昆曲。又有奏乐器者。”朱自清在这种场合从来都是低调小心的，但他都乐于参与。在联欢会结束以后，他还兴致很高地和浦江清、柳无忌、陈雪屏一起打了三局桥牌至午夜。

原本以为会长期坚持下去，没想到，随着南京沦陷，日寇的铁蹄已伸向大半个中国，南岳也响起了警报声，就连这样艰苦环境下的教读生涯也不能安稳了。柳无忌在 1937 年 12 月 22 日日记中写道：“今日校中规定空袭警报规定。九时三刻在戏剧班上课，忽闻机声轧轧甚近。教室外学生走动甚多，听讲者面呈不安色。告以如愿者，可以自由离室，但无人出去。”27 日日记：“读现代诗。不久忽锣声大作，警报来了。皑岚自午睡中跳出床来，共下室趋避。时已下午四时半，不信敌机会来。”又说，“大家都有一印象，以为临大命运即告终。”

果然，1938 年 1 月 20 日，传闻成真，临大决定学校迁往昆明。

临大在南岳的任务也算完成了，冯友兰说：“我们在南岳的时间，虽不过三个多月，但是我觉得在这个短时期，中国的大学教育，有了最高的表现。那个文学院的学术空气，我敢说比三校的任何时期都浓厚。教授学生真是打成一片。有个北大同学说，在南岳一个月所学的比在北平一个学期还多。”确实是这样，在国难面前，大家突然都成熟了，学生肯学，教师则一门心思展开工作。汤用彤一头扎进佛学里，写出一本《中国佛教史》，闻一多摆开一案子的书，考订《周易》。但，大家也是有情感的，学术气氛非常浓厚之时，一想到时局，又都觉得凄然。

在除夕之夜，朱自清出席了师生聚餐会。酒席上，朱自清朗诵了冯友兰写的两首诗，之一云："二贤祠里拜朱张，一会千秋嘉会堂。公所可游南岳耳，江山半壁太凄凉。"之二云："洛阳文物一尘灰，汴水繁华又草莱。非只怀公伤往迹，亲知南渡事堪哀。"朱自清面色严峻，眼含泪花，声音低沉颤抖，一字一字地慢慢引长念出来。大家都被朱自清的情绪感染了，立刻沉浸在哀伤里，许多人流下了凄怆的泪水。

临大精英荟萃，人才济济，朱自清和其他教授一样，入不敷出，生活非常艰苦。然大家都能同舟共济，同甘共苦，以民族文化的继承、弘扬为使命，教学、著述从未间断，从不戚戚于贫贱，也不汲汲于富贵，有着超脱玄远的境界，也时刻关心国家大事。但是，当大家即将再度做千里迁移时，又怎么能不伤心感怀呢？

2015 年 1 月 30 日于北京朝阳草房荷边小筑

# 朱自清、叶圣陶相会在成都

1940年5月8日这天，西南联大教授朱自清给梅贻琦写信，请求在国内休假研究，并呈送了研究计划。朱自清在信中详细汇报了自己的研究计划："清自第一次休假后，迄今已满八年，兹拟请求于下年度在国内休假研究，谨将研究计划陈述如次。窃中国文学范围内，'散文（抱括骈、散二体）之发展'一题目，现在尚无专门研究之人。坊间虽有《散文史》《骈文史》等书，类皆仓卒成编，以抄撮故言为能事，不足语于著述。清年来对此题目甚有兴趣，拟从历史及体式两方面着手。关于历史方面，已作短论三篇，附陈台察。下半年若能休假，拟专研究上古（至汉初）时代散文之发展。并拟有分题两种：一、说'辞'（包括'知言'等项）。二、'说''传''注''解''故'。此两分题，拟各成论文一篇。此外拟分类搜集材料，录为长篇，随时研究……"

也正是在这个时候，昆明的供给发生大困难，原因是日本压迫英国封锁了滇越路和滇缅路，切断了中国从海外输入战时物资的唯一通道，昆明物价迅速飞涨，教授生活纷纷陷入赤贫。为了节省开支，也为了家人能过得更好一些，朱自清决定把陈竹隐和乔森、思俞安排回陈竹隐老家成都。陈竹隐回到成都后，租住在东门外宋公桥报恩寺后院三间没有地板的简陋小草房里。据说，为了筹措路费，朱自清卖了从英国带回来的一架留声机和一些高档的音乐唱片。这可是当年送给夫人的礼物啊，没办法，为了生活，也只有变卖家产这一招了。当时朱自清的日记中，经常有借款的记录，如 3 月 25 日，向吴宓借款 200 元等。

朱自清的国内休假研究得到批准后，于 1940 年 7 月 18 日动身赴成都，8 月 4 日到达家中，此后接连两天，都和叶圣陶见了面。当时叶圣陶家住在乐山，于 7 月 21 日到成都，任教于教育科学馆，而开明书店办事处也在成都。老友相见，谈了很多，主要是关于国文教学方面的问题，朱自清还应允在国文教科书编写方面和叶圣陶合作。不久之后，四川教育厅长郭子杰又托人带话，欲聘朱自清任特约专员。朱自清在 8 月 10 日致梅贻琦的信中，说了此事：以“帮助专员叶圣陶君计划推行国语教材事宜。此系顾问性质，并无办公时间，只偶尔开会，清以须请示校方，方可决定，尚未应诺”。从此后此事的进展看，校方是答应了的。因为朱自清参与了四川教育科学馆“国文教学丛刊”的编撰事宜。

此后，朱自清便在成都的家中读书，写作，编教科书。

因为朱自清是第一次到成都，所以要会见陈竹隐家不少亲戚，这也是中国人的传统礼仪，是必不可少的。但也会花去朱自清不少的时间。另外，朱自清毕竟是著名教授兼作家，成都不少名流也慕名见他，比如成都市市长余中英、军中要员邓锡侯等。余中英曾请齐白石给他画一幅《万里归帆图》，大教授来了，何不请他写首题画诗呢？岂不更风雅？朱自清便作了《题白石山翁为墨志楼主作〈万里归帆图〉》二首，其二云："访罗书画日不足，刻画金石愿无违。一朝兴尽理归棹，江流浩淼片帆肥。"余氏出身行伍，曾任国民党二十四军八旅旅长，又进京从齐白石学篆刻，朱自清的诗里就包含这意思。邓锡侯更是了得，曾任国民党二十八军军长、第二十二集团军总司令，几年以后的1944年重阳节，他请朱自清吃饭，朱自清有诗二首记之，曰《重九邓晋康主任招饮康庄》，晋康是他的字，主任是他时任川康绥靖公署主任。其二云："意多嫌世短，况值百端兴。西陆龙蛇起，东夷狐鼠亲。同心愿久视，戮力靖嚣尘。国庆明朝又，举杯寿万春。"

有一个小插曲是，夫人临产，需要照顾，需要花钱，朱自清还托朋友李小缘代售美元支票。1940年11月14日，朱自清的四女朱容隽出生了。新生命的诞生，举家欢庆，但对朱自清来说，更增加了若干忙碌和窘迫。两天后的清晨，正在家务堆里忙碌的朱自清，忽听有人叩响了报恩寺小院的柴门。开门一看，惊喜交加，原来是叶圣陶！好朋友驾到，自然要招待酒饭。叶圣陶在《西行日记》里写道："佩弦所赁屋简陋殊甚，系寺中草草修建以租于避难者也。其夫人产后尚未起床，儿女均在学校，佩弦管理家务似颇耐烦。杂谈无条理，而颇慰数年来阔别之怀。"酒饭过后，二位老友兴致很高地去了望江楼。叶圣陶说："余前两次来成都未游览。其处布置竹树房屋，雅整朴素。……在楼上坐片（刻）时，静寂之趣，足以欣赏。"

接下来的一个多月里，叶圣陶多次往还乐山和成都，每次来成都，必和朱自清见面，二人谈话涉及很广，但都和出版、文学、教科书有关，也有旧诗唱和，极为快乐。

1941年2月4日，叶圣陶全家从乐山搬到成都，住在新西门外罗家碾王家冈。叶圣陶说："杜甫诗'舍南舍北皆春水，惟见群鸥日日来’，就是指这一带地方。”这天，朱自清横跨整个成都，从东门外到西门外，来到叶圣陶家。叶圣陶《西行日记》说：“忽佩弦坐鸡公车至，云先至陕西街，闻余已迁，追踪而至者。盛情足感，而我家茶水无有，凳子亦稀少，无以款之，少谈数语即去。”不过两天后的早上，叶圣陶到朱自清家来了，这回二人谈了很久，主要是商定《略读指导举隅》的目录和各人所承担的篇目。这次见面，二人的日记都有详细记录。朱自清说，圣陶这次来，带了二百块钱，实为预支的稿费，当即表示感谢。然后，二人又“彼亦以孩子入学事相托”。《略读指导举隅》和二人另外编写的《精读指导举隅》一样，都是普及读物。叶圣陶在《〈读书指导〉后记》中对这两部书的编辑和出版过程有详细的说明：1940年夏天开始，“我在四川教育科学馆担任专门委员。工作任务是推进中等学校的国文教学。实在没有多大把握，除了各县去走走，参观国文教学的实际情况，跟国文教师随便谈谈，就只想到编辑一套《国文教学丛刊》。丛刊的目录拟了八九种。其中两种是《精读指导举隅》跟《略读指导举隅》，预先没有征得佩弦的同意，就定下主意我跟佩弦合作……他居然一口答应下来，在我真是没法描摹的高兴，于是商量体例，挑选文篇跟书籍，分别认定谁担任什么，接着是彼此动手，把稿子交换着看，提出修正的意见，修正过后再交换着看：乐山跟成都之间每隔三四天就通一回信。一九四一年春天，我搬到成都住，可是他家住东门外，我家住西门外，相隔大概二十里地，会面不容易，还是靠通信的时候多。两本东西写毕，现在记不起确切时间了，好像是在那年暑假过后他回西南联大之后。写的分量几乎彼此各半，两篇‘前言’都是我写的，两篇‘例言’都是他写的”。

因为常年的写作，加上生活艰苦，朱自清身体一日不如一日，他在1941年3月8日日记中说："过去从来没有感到饿过，并常夸耀不知饥饿为何物。现在一到十二点腿也软了，手也颤了，眼睛发花，吃一点东西就行。这恐怕是吃两顿饭的原因。也是过多地使用储存的精力的缘故吧。"

在成都休假一年里，朱自清一边研究一边写了很多文章，有散文、杂感，如《重庆一瞥》《论诚意》等；有古典诗词，成果最丰，曾把在成都所作的旧诗集题名为《锦城鸿爪》；有论文，如《剪裁一例》等；有语文杂论，如《论教本与写作》《撩天儿——语文影之一》《抗战的比喻》等；整理了《诗话人系》；修改了《经典常谈》，可以说成果颇丰。他在1941年8月28日给梅贻琦的信中做了汇报：休假一年中，"写完诗之论著三篇……计《古诗十九首释》七节，约三万字……又为四川教育科学馆著《精读指导举隅》（已印行）及《略读指导举隅》（即付印）……"

其实，朱自清在成都休假一年最大的收获，应该是和叶圣陶劫后重逢的友谊，二人合作著书之外，还相互唱和多首。

1941年4月22日，朱自清写了《近怀示圣陶》五古。该诗历数抗战以来，个人和家庭所遭受的种种磨难，流露出一种沉郁愤闷的情绪。诗云：

少小婴忧患，老成到肝腑。
欢娱非我分，顾影行踽踽
……
累迁来锦城，萧然始环堵。
索米米如珠，敝衣馀几缕。
老父沦陷中，残烛风前舞。
儿女七八辈，东西不相睹。

众口争嗷嗷，娇婴犹在乳。
百物价如狂，踸躟孰能主！
……
赣鄂频捷音，今年驱丑虏。
天不亡中国，微枕寄干橹。
区区抱经人，于世百无补。
死生等蝼蚁，草木同枯腐。
蝼蚁自贪生，亦知爱吾土。
鲋鱼卧涸辙，尚以沫相呴。
勿怪多苦言，喋喋忘其苦。
不如意八九，可语人三五。
惟子幸听我，骨鲠快一吐。

两天后，叶圣陶到朱宅探访，话题转到诗上来，朱自清以这首诗相赠。谈到浓处，索性携茶酒到附近的望江楼，啜茗长谈，继之小饮，欢会难得，日暮始别。这天的日记，朱自清有这样的话：“圣陶确有勇气面对这伟大的时代。但他与我不同，他有钱可以维持家用，而我除债务外一无所有。”是啊，朱自清命运偃蹇，途路多舛，又适逢战乱，从小就经历家败，一直以来，承受着扶老携幼的过重担负，内心该郁积多少忧愤和凄苦啊，遇到像叶圣陶这样的知已，满心的话才可倾吐。又过三天，叶圣陶还沉浸在那天的情绪中，作《采桑子——偕佩弦登望江楼》记其事：“廿年几得共清游，尊酒江楼，尊酒江楼，淡日疏烟春似愁。天生人意逾难问，我欲言愁，我欲言愁，怀抱徒伤还是休。”叶圣陶在这天的日记中写道：“上星期六与佩弦游望江楼，意有所怅感，今日作成《采桑子》小词，书寄之。”5月8日夜，他再于枕上成诗：“天地不能以一瞬，水月与我共久长。

变不变观徒隽语，身非身想宁典常？教宗堪慕信难起，夷夏有防义未忘。山河满眼碧空合，遥知此中皆战场。”这首《偶感》，可以说是《采桑子》的演进。5月10日到12日，朱自清费时两三日，又作《赠圣陶》诗一首，并写信给叶圣陶，约在公园茶叙。一时间，诗，成了他们精神世界和情感世界相互联络的纽带，也是他们在国难当头、艰苦岁月中砥砺操守和弘扬正气的论坛。朱自清的《赠圣陶》为古风，长三十六句，深情叙述了二十年来和叶圣陶的友谊，同时怒斥了日寇的猖狂。该诗从盛赞叶圣陶“谦而先”“狷者行”的德行起句，回忆当年在西湖荡舟、于“一师”纵谈的友情。大约是受了《偶感》的感染，朱自清不再愁苦，而是发出了抗争之意，末尾数语尤为铿锵有力：“浮云聚散理不常，珍重寸阴应料量。寻山旧愿便须偿，峨嵋绝顶倾壶觞。人生三万六千场，君与我兮长毋忘。”17日，朱自清赴少城公园鹤鸣茶社等叶圣陶，因空袭警报响起而未能相见。24日，再次赴少城公园。朱自清在当天的日记中说：“在公园遇圣陶，但迟到半小时，他在公园门外的茶室等我，而我在门内。我们评论国内形势。他示我为答赠的诗，写得很好。”这首“答赠”的诗，就是叶圣陶23日下午所作《次韵答佩弦见赠之作》，并说“步韵总不免勉强，自视仅平平而已，不甚惬意也”。但叶圣陶的诗，还是情深意浓，令人难忘。有叙朋友欢聚的：“……君谓牢愁暂逋亡，我亦欢然解结肠，细雨檐花意气扬，酡颜不减少年狂。”有论时局和未来的：“……屯蒙当前殊穰穰，归钦莫得谁能详？未须白发悲高堂，唯期天下见一匡。”有谈抱负和期望的：“……攘夷大愿终当偿，无间地老与天荒。人生决非梦一场，耿耿此心永弗忘。”

1941年6月21日，朱自清、叶圣陶在少城公园会面，除了交换文稿之外，还少不了谈家常，话旧友。当然，诗词还是他们的主要话题——朱自清把萧公权、吴徵铸、施蛰存三人的诗词给叶圣陶看，朱、叶少不了对三人的诗做了中肯的点评。这回闲谈更晚，“至五时半而别”。7 月 15 日这天，朱自清赴叶圣陶家的宴会，在座的有贺昌群。叶圣陶在日记里说：“昨夜雨，今晨不止，约昌群、佩弦二兄以今日，恐未必能来……十二时，二兄果然来，大喜。即相予饮酒。饭后闲谈，亦无甚重要话，唯觉旧雨相对，情弥亲耳。”这才是真朋友啊，不一定有什么重要事情，哪怕见上一面，也是快意。但是朱自清 8 月 30 日那次在少城公园绿荫茶社约见叶圣陶，心情却有些异样。叶圣陶说：“……佩弦至，交换看文稿诗稿，闲谈近况，颇快活。五时，偕至邱佛子吃小酒。佩弦于下月二十日以后至重庆，在重庆候机至昆明。再一二面，即为别也矣。”话中不免流露出惆怅和不舍之情。

一年的休假就要结束了，好像转瞬间，朱自清又要回到西南联大教书了。在朱自清生活的时代中，“著书都为稻粱谋”，对于朱自清来讲，已经是很奢侈的说法了——教书只不过是为了糊口。可悲的是，堂堂大学教授，著名作家，教来教去，著书立说，竟然难以养家，还欠了一屁股的债。看着别人都拖家带口，而他只能把家一分两半，一半在扬州，一半在成都，孤身漂泊在昆明。这种况味在朱自清的心中，该会是怎样的一杯苦酒啊。1941 年 9 月 20 日这天，叶圣陶来探行期，“入门，佩弦方抄书，见余至，出首意外。云动身当在月杪，又拟水道至泸州，搭西南运输处车辆往昆明”。21 日，叶圣陶作成二律《成都送佩弦之昆明》为佩弦送行。诗云：

平生俦侣寡，感子性情真。
南北萍踪聚，东西锦水滨。

追寻逾密约，相对拟芳醇。
不谓秋风起，又来别恨新。

此日一为别，成都顿寂寥。
独寻洪度井，怅望宋公桥。
待兴凭谁发？茗园复孰招？
共期抱贞粹，双鬓漫萧条。

1941年10月4日，朱自清最后一次和叶圣陶在少城公园喝酒。酒后，两人握手，郑重道别。朱自清眼含热泪地说，下次再见，恐怕要到抗战胜利以后了。8日，朱自清搭乘小船前往泸州，正式告别了成都。朱自清在船上念及叶圣陶的送别诗，也做诗二首，曰《别圣陶，次见韵赠》。诗云：

论交略行迹，语默见群真。
同作天涯客，长怀东海滨。
贪吟诗句拙，酣饮酒筒醇。
一载成都路，相偕意太新。

我是客中客，凭君慰泬寥。
情深河渎水，路隔短长桥。
小聚还轻别，清言难重招。
此心如老树，郁郁结枝条。

一年的休假结束了。这哪里是休假，分明是更繁重的工作。一年来，朱自清在给梅校长的报告中所列举的成绩，不过是他工作、研究的一部分成果，许多计划中的工作和没有完成的工作都没有在列，甚至，可以把他和叶圣陶的交往也看成是工作的一部分——他们之间的思想碰撞，特别在教科书编辑方面的探讨和古典诗词方面的交流，难道不是实实在在的工作吗？

2015年春于北京草房荷边小筑

# 俞平伯的秋荔亭

骀荡风回枯树林，疏烟微日隔遥岑。
暮怀欲与沉沉下，知负春前烂漫心。
——《始来清华园》

1928年10月，俞平伯应老同学罗家伦邀请，到国立清华大学文学系任教。这首诗，就是俞平伯初到清华园时的感想。除了在清华任教，俞平伯还兼任燕京大学、北京大学、北京女子师范大等学校的课程。在此之前，曾有多所大学请俞平伯执教，都被俞平伯婉拒。俞平伯答应清华，一方面可能是罗家伦的因素，另一面，与好友朱自清也任教清华不无关系。初到清华后的次年，俞平伯还有一首《清华早春》，描写了清华园早春的景象："余寒疏雪杏花丛，三月燕郊尚有风。随意明眸芳草绿，春痕一点小桥东。"后一句十分传神。

时间很快就来到1930年10月，执教两年的俞平伯移家清华园南院七号。刚一入住，就给住所命名为"秋荔亭"。何为"秋荔亭”？俞平伯在《秋荔亭记》中说，“彼院虽南，吾屋自东，东屋必西向，西向必岁有西风，是不适于冬也，又必日有西阳，是不适于夏也。其南有窗者一室，秋荔亭也。”其实“秋荔亭”并非单独指这“有窗者”的一间小屋，而是代指他的整个七号小院了。从此，除了偶尔回城办事、访友、探望父母外，其他时间都以“秋荔亭”为根据地了。俞平伯在这里接待过周作人、顾颉刚、吴宓、朱自清、浦江清、叶公超等诸多校内外好友，也在这里写出了多篇文论和诗词，创作、出版了《燕郊集》《杂拌儿之二》等书，还邀请昆曲爱好者经常在家搞曲会。“秋荔亭”一时成为清华园文人、雅士的荟萃之地。

明明一个小小的院落，既无亭，也无荔，却冠冕堂皇地叫“秋荔亭”。在《秋荔亭记》没有问世之前，不知内情的人有可能的附会就是，俞平伯是秋天搬进南院七号的，但“秋”和“秋荔”又毕竟不是一回事。俞平伯的老师周作人和其他友人一样也有类似的疑问，有一次，在出城去清华园的校车上，周作人忍不住问俞平伯，有亭否？答曰，无有。又问，有荔否？答曰，无有。周作人也不作声了。大约老师想起俞平伯的古槐书屋了吧。古人喜欢把自己的居室起些“亭堂轩榭”等名号，有的一眼可见其中的意思，有的是有自己隐密情怀的，个中缘由，只有自己清楚，不足以外人道也。可能俞平伯也渐渐知道别人的疑惑了吧，才在1934年5月出版的第1卷第4期《人世间》半月刊上发表《秋荔亭记》。《秋荔亭记》开头说：“池馆之在吾家旧矣，吾高祖则有印雪轩，吾曾祖则有茶香室。”俞平伯接着对“秋荔亭”说了这样一番话：“夫古之亭殆非今之亭，如曰泗上亭，是不会有亭也，传唱旗亭，是不必有亭也，江亭以陶然名，是不见有亭也……以洋房而如此其小，则上海人所谓亭子间也，亭间今宜文士，吾因之以亭吾亭。”俞平伯又细细历数了一门三窗的形状和“秋荔亭”四季的风貌，夏热冬冷，“而人道以秋，聊以秋专荔，以荔颜亭”。是的，古时许多亭堂楼馆，只不过是建立在纸上的产物，《红楼梦》里的场所更是把这种建筑写到了极致，什么怡红院、潇湘馆、蘅芜苑、稻香村、栊翠庵、蓼风轩、暖香坞、秋爽斋、紫菱洲、缀锦楼、藕香榭等等不胜枚举，简直是洋洋大观了。周作人的苦雨斋里，不是还有煅药庐嘛，所以秋荔亭也没什么好奇怪的。

2013 年早春二月，我到清华大学寻访冯友兰、俞平伯、朱自清当年的旧居，在南院七号秋荔亭前徘徊良久。南院，听起来好别致的名称，实则上相当于富丽而俊朗的清华园内的一个破旧的小村落。所有建筑和“秋荔亭”一样，不过是一幢幢灰头土脸的北方砖瓦小院，每家每户只有两三间或三五间低矮的小屋，东向、南向、北向、西向都有。可能是早春吧，“村子”前后左右或几条小巷里不见一点青绿，也没有什么花草树木，灰蒙蒙的天空下，寒风萧瑟，死气沉沉，有许多只灰色的鸟儿蹲在几棵干涩的树上，有几个临巷小院里的房屋被开成各种小店，卖服装、卖纸笔文具，还有卖熟食小吃和纪念品的。在一个据说是冯友兰居住过的院落里，有卖清华纪念衫的，不贵，虽然不是穿它的季节，我还是买了一件。不知出于什么原因，觉得在诸多大师生活过、居住过、也吟过诗作过文的地方，应该留下我来过的一点记忆吧，这样一想，又买一本带有清华字样的纪念册。踟蹰良久，看到一个匆匆路过的女生，我上前打听，请问东院在哪儿？她摇摇头，笑笑，很抱歉的样子。我说，就是朱自清住过的地方。她似乎懂了些，用手一指，说，荷塘吗？不在这边，在那儿。她以为我要去荷塘，去看自清亭，寻访当年的“荷塘月色”。其实我刚从“那儿”过来。我谢过同学的好意，默默地想，如此严重的雾霾，如此压抑的空气，真是无心再去寻找了，还是在南院一带寻寻觅觅吧，我知道这一带曾住过什么人，冯友兰、朱自清、浦江清、叶公超、刘文典等等，我想，如果在这些名人居住过的小院里，贴上名牌，可能会方便像我这样的访客吧。我不愿意马上离开，又返身来到“秋荔亭”门口，驻足遐想。不知从哪里传来音乐声，丝丝缕缕、悠悠扬扬，当然不是“秋荔亭”里的曲音了，但我似乎怕惊扰了主人的工作——或许在读书，或许在写日记，或正准备出门访友。

俞平伯和普通人一样，喜欢饭后散步，访友闲谈，常去的就是朱自清家，聊到兴起时，还会赋诗一首，比如 1932 年早春，他就在朱自清家写一首《郊园春望》，诗曰：“曾从秋荔分红叶，今日燕郊独看花。欲折一枝谁寄与，题诗应不到天涯。”诗中抒发了对好友的怀念，透出淡淡的伤感。由于两家相距太近，可以说抬脚就到，朱、俞二人常会相互走动，如恰巧有新作写就，会相互阅读欣赏。比如，1933 年 2 月 22 日，俞平伯收到朱自清寄来的散文《春》，下午，朱自清就到“秋荔亭”。俞平伯谈读《春》之后的感想，同时，把自己的新作《赋得早春》请朱自清阅正。朱自清认为《赋得早春》“文太俏皮，但老道却老道”。俞平伯则认为《赋得早春》和《春》比，几乎差了二十年。俞平伯虽然有谦虚之意，也可见二人的坦诚了。1933 年 10 月台 17 日，俞平伯在南方游览归来不久，把写作的《癸酉年南归日记》给朱自清看，12 月 5 日，又把近作《〈牡丹亭〉赞》请朱自清阅读。这样的友情一直持续着，直到抗战爆发。后来，朱自清几经搬家，都没有离开清华园。朱家的小院，在朱自清去世后，夫人陈竹隐和孩子们一直住在这里。时间飞到 20 世纪 70 年代，俞平伯和叶圣陶在怀念好友朱自清时，还商量去清华园看望陈竹隐。而俞平伯的“秋荔亭”，早已换了几番主人。物换星移，当年居住在这里的文化人都已不在了，好在旧居尚存，心里还是有些欣慰。我在紧闭的院门前发了一阵“呆”（其实是胡思乱想），还是离开了。

俞平伯一生所记日记不多，他不像周作人，也不像吴宓、胡适那样，一生都有日记的习惯，他只是在特定的时期才记。除前边说到的《癸酉年南归日记》外，还有早期的《别后日记》，写的是1918年和新婚妻子在天津别后的日记，还有两次去海外日记、《京杭道中日记》等，可以说是有选择地记日记。搬到清华园之后，他开始写《秋荔亭日记》。这在他所有日记中，占有较大份量，持续时间也最长（虽中间中断数次），从1931年1月1日开始，一直到1938年6月16日。

1931年日记开首几则云：

一月一日

三姊于九时进城去，客岁积雪皑皑。访佩弦未遇，午食佩来，饭后为说陈女士事。王家表弟肇征来。晚教小儿作纸牌戏。闲看林译《十字军英雄记》。

二日

晨兴殊宴，见晴雪光辉可爱，环及小儿在院中堆雪人。傍晚访芝生、公超均未值。与环闲谈。作灰背戏，负于润民。

三日

晨起以柬邀友人晚宴。记梦数则，江清、芝生、湘乔、武之来，谈叙颇畅。送客，见明月照积雪，甚皎。江清假脂本《红楼梦》去。与环在书室闲谈。

四日

上午作《梦记》。下午阅《爱理斯梦的世界》引论一章。小睡，起已上灯。佩弦来饭，今午始返自城中也。饭后又诣佩处谈。归已近九时。

五日

早起乘车入城，诸事毕，返寓。母患小疾，今日向愈。午后三姊来，是日又雪。为岂师作煅药庐额，易纸始就，终苦稚劣也。夜大姊自津电话来。予侍两亲谈至午夜始睡。

六日

小寒。在青年会小食，十时半乘车返清华，车中遇公超，杂谈殊不寂寞。下午读《三国志·诸葛亮传》。以电话询母疾，并约岂师来。灯下作小楷一页即睡。

七日

上午十一时许岂明师偕启无来寓，邀佩来作陪。启无见赠“古槐书屋”小印。五时半客去。灯下作字一页。

八日

为女生改卷。许七自城内来访，并贻“声越诗词”一册。偕七翻译坡的小说初稿甫毕。晚赴江清之招于西客厅，晤苦水。归时有风。

九日

今日大风，寒，天色沉翳。为诸生改卷。写大小字各一页。坡译小说毕，并校正，抄写之。是夜室外温度已近华氏零度，为今冬初次奇寒也。

十日

早起写大字一页。晚作《梦记》第五。是日天略回和。夜室外十五度。午夜始入睡。

十一日

作大字一页。《梦记》第六。傍晚返京寓，侍两亲谈话。

这只是《秋荔亭日记》开头的数则，文字简洁，只记事，不议论，并能从中读出很多信息：

这段时间，朱自清是在俞家搭伙吃饭的。朱、俞在清华的友谊可以从1925年8月说起，朱自清经俞平伯介绍，从浙江白马湖来到清华学校大学部教书，不久之后，即移家清华园。朱自清夫人因长期辛劳，患病去世。悲伤中的朱自清只好把子女送到江苏扬州老家，只身一人在清华教书。朱自清一人生活不便，俞平伯便请他在自家吃饭。朱过意不去，一定要交饭费，正式成了搭伙。饭后经常畅谈。1930年，朱自清和陈竹隐经朋友介绍相识后，开始恋爱。俞平伯日记中“饭后说陈女士事”，就是指朱、陈恋爱中的交往吧。俞平伯经常在家请朋友度曲，1931年和朋友聚会也会谈曲，1月8日晚至清华园西客厅赴浦江清招宴后，还和朱自清、叶公超、叶石荪、顾随、赵万里、钱稻荪、毕树棠等人谈昆曲、皮簧等。在之前的1月3日那天，一早就开始写请柬，晚上请浦江清、冯友兰、邹湘乔、杨武之家宴，饭后唱曲。俞平伯开心，唱了《下山》和《惊梦》。而其时俞平伯正在做一项“工程”——记梦，还向老师周作人征集好梦。周作人也真的给学生提供了两则梦。3 日，记梦数则，4 日，俞平伯写了篇《梦记》，8 日又写了篇《梦记·五、庙里》，10 日补记“跋语”，11 日又创作了《梦记·六、秦桧的死》，这两篇散文都发表在本年 6 月 15 日出版的《清华中国文学会月刊》第 1 卷第 3 期上，还收入文集《杂拌儿之二》中。俞平伯虽然懂英文，去英国、美国留学都没有语言问题，但他的翻译文章不多，这时却和表弟许宝骙共同翻译了一篇爱伦·坡的短篇小说《长方箱》，不但自己“校正”“抄录”，为了译文更有把握，还请清华大学外国语文系教授叶公超披阅、审定。这篇译稿发表在《新月》月刊第 3 卷第 7 期上，署名“吾庐”，后收入《燕郊集》。从这几天的日记中，还读出俞平伯家浓浓的亲情，“与环闲谈”，陪儿子玩牌游戏，还“负于润民”；夫人和儿子在院中堆雪人，能想见，“晴雪光辉”中，满院堆雪，洁白晃眼，一家人其乐融融的快乐场景。在短短的几天内，分别在 5 日和 11 日两次回城，都是因为“母患小疾”，陪父母说话去的，第一次谈“至午夜始睡”，第二次“侍两亲谈话”。我们都知道书法家的笔法之美，书艺之美，往往忽略他们付出的辛苦。俞平伯的书法，从小受家学的影响，写得漂亮，受到同道的称颂。但他依然要经常磨砺，日记中有无数次有习字的记载。仅笔者抄录的日记中，就有“灯下作小楷一页即睡”“灯下作字一页”“写大小字各一页”“早起写大字一页”“作大字一页”等五次纪录，从中可以看出，天赋再高，后天不努力，也会荒废的。和友人交往，也贯穿在俞平伯日常生活中，除上面写到的邀请友来寓度曲，还请周作人、沈启无来寓做客，沈给俞带来了一枚“古槐书屋”小印。俞也应嘱给周作人书写了“煅药庐”额。“煅药庐”是周作人新命名的书斋，周作人应该送纸给俞了，这才有“易纸始就”，谦虚的俞平伯认为“终苦稚劣也”。这几则日记中，作者还多次有读书的纪录，“闲看林译《十字军英雄记》”“下午阅《爱理斯梦的世界》引论一章”“下午读《三国志·诸葛亮传》”。

在新年短短几天寒雪中，俞平伯“秋荔亭”的生活真是十分丰富。阅读他全部《秋荔亭日记》，从简略的记录中，从记录的人、事、雅集、聚会、创作、收信往返中，会发觉出中国新文学运动以来，另一道别具特色的风景。或许不过是树叶上一条小小的脉络，山涧中一条细细的小溪，但正是这些脉络和小溪，汇成了参天大树和奔腾的大江。于静夜中阅读这些日记，有时会感触很深，有时也会掩卷沉思。比如我会想当然地觉得，唱曲、玩桥牌虽是雅事，古诗词虽是创作，耽误他的时间也真是太多了。

从《秋荔亭记》中还可以看出作者的一些创作思路和创作计划，比如“曲谈”“随笔”“丛钞”等几本书的写作计划。

最先动笔的《秋荔亭随笔》，大约是从这篇《秋荔亭记》之后就开始动笔了。“随笔”共有十一则，头三篇分别发表在《人世间》杂志第十八、十九、二十一期上。而“曲谈”“丛钞”后来都不见有创作和编辑，虽然谈曲的文章也写了些，却不知何故没有冠以“秋荔亭曲谈”，而“丛钞”之类文集，终究也没有编成出版。有意思的是，俞平伯以“秋荔亭”为名的文字还有“墨耍”系列，可惜只有之一的《象战于野》一篇，不见之二之三。这是他受梦境启发而自己发明的一种象棋游戏，饶有兴味地把棋的规则分步骤写了下来。

日本侵略者发动的全面侵略华战争开始后，清华园落入敌手，俞平伯被迫躲进城里老君堂古槐书屋了，他在日记中记述了那段时间的经历，如1937年8月7日记云：“海淀街遍悬日本旗，小学悬之，庙亦悬之。”8日，俞平伯再次出城去学校，

“郊外禾黍离离，柳阴深蔚，寂无所见……抵新南院，荒凉似无居人……幸有一匙得启户。方整治物件，忽闻近在本院，有被抓者，车人悚惧，令其开车避匿校中”。30日：“九时偕环搭乘公车出城，车首改书米那洋行，插意国旗，抵校舍清理书籍……一时就归途，出海淀铺户十家九闭。”9月6日：“八时偕环雇车出城，邀请健君同行至新南园四号，收束一切，备明日搬移。午归，未遇检查。自庚午秋晚移砚西郊，于兹七载，遭逢离乱，一旦弃之，仍返住槐屋，触类如故，真如一梦也。”日记中记述了海淀和清华园被日军占领后的惨状，他几次出城，都带着夫人，乘坐的车辆都悬挂意大利国旗，可见当时气氛是多么的恐怖。

俞平伯在被迫离开清华园后，再没有回去过。

2015年10月5日初稿写于连云港河南庄寓所

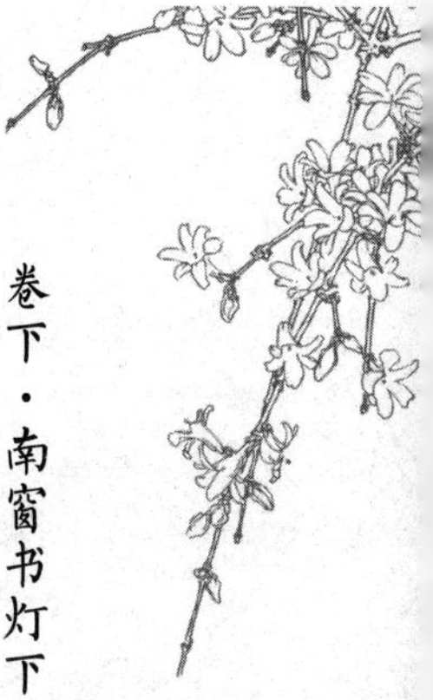

# 卷下·南窗书灯下

# 《欧游杂记》

《欧游杂记》是朱自清的一本游记。和《欧游杂记》一脉相承的还有《英伦杂记》。这两本书的写作和出版，和朱自清的好朋友叶圣陶有关。身在上海开明书店的叶圣陶，知道好友要出国考察，便相约他写稿，并在杂志上发表。后来，叶圣陶又陆续把两本书出成单行本。

关于这两本书，朱自清的学生曹聚仁评价极高："今年春间，我选了这两种书和欧文的《见闻新记》作为新闻文艺的教本，同学们的想法，我不知道，我自已则把朱先生的，代表着洗练的一路，欧文的代表缜密的一路。罗马是不容易写的，珠玉在前，轻易不敢着笔；然而朱先生却以淡淡之笔，出人头地了。……尤其写贝加尔湖那一段，用他写的一篇论画的散文来说（题目:《逼真与如画》），一面可以说是'逼真'，一面又可以说'如画'呢!"

清华大学有一个非常好的待遇，就是教授每工作五年，就可申请出国访学一年，出国期间除可支取一半的薪水外，还可获往返路费各五百二十美元及每月研究费一百美元。依照这个规定，朱自清申请休假一年并决定赴欧洲访学。

1931 年 8 月 22 日，朱自清从北京动身，开始了漫长的欧洲之旅。这次行程，看来事先是经过精心策划的，没有像早先留学者那样漂洋过海，而是从哈尔滨乘火车，取道苏联远东地区，再从莫斯科转道欧洲。这天早上，在北京前门火车站，朱自清带着不多的行李，和前来送行的陈竹隐话别。在送行的人群中，还有他的学生、友人胡秋源、林庚、章晓初等。而在此前 5 月 13 日晚上，就有学生为他举行了送行宴会，那天俞平伯和浦江清也去了，大家喝酒很开心。在致陈竹隐的信中，朱自清说："昨晚学生为我饯行，（其实真太早！）甚为欢乐。席间与他们猜拳。我的拳太坏，喝了不少的酒。饭后俞、浦两先生唱昆曲，学生亦各唱小调。我真惭愧，什么也唱不出，只敷衍说一小笑话而罢。"8 月 22 日送行的人群里虽然没有俞平伯和浦江清，他们二人的诗早已做好了，俞平伯是《送朱佩弦兄游欧洲》二首，诗云：

翰海停车挹晚凉，乌拉岭外有斜阳。
稍将远志酬中岁，多作佳游在异乡。

五月花都春烂漫，十年雾国事微茫。
槐阴时霎灯前雨，明日与君天一方。

浦江清先做一首五律《赠别佩弦》，后又做古诗《前诗未尽意，更作两章以媵之》二首相赠。和朱自清一起同行的，还有赴欧留学的李健吾和徐士瑚。

在国内的几天旅行中，朱自清也没闲着，和朋友一起玩了不少地方。这些年，朱自清先在南方奔波，在清华的五六年里，一是担任繁重的教学任务，二是家庭变故，接着又和陈竹隐热恋，让他难得有时间外出旅行。有了这次长假，他真的要好好消磨下旅途上的大好风光了。在沈阳短暂停留时，他和朋友一起玩了北陵和故宫。8 月 24 日到了哈尔滨。此时的哈尔滨异国情调甚浓。在几天的逗留中，朱自清去了不少好玩的地方，他在和叶圣陶的《西行通讯》中，有详细记录。在说到哈尔滨的外国人时，朱自清说："这里的外国人不像上海的英美人在中国人之上，可是也并不如有些人所想，在中国人之下。中国人算是不让他们欺负了，他们又怎会让中国人欺负呢？中国人不特别尊重他们，却是真的。他们的流品很杂，开大洋行小买卖的固然多，驾着汽车沿街兜揽乘客的也不少，赤着脚爱淘气的顽童随处可见。这样倒能和中国人混在一起，没有什么隔阂了。"说到哈尔滨的文化时，朱自清说："但这里虽有很高的文明，却没有文化可言。待一两个礼拜，甚至一个月，大致不会教你腻味，再多可就要看什么人了。这里没有一间像样的书店，中国书外国书都很稀罕；有些大洋行的窗户里虽放着几本俄文书，想来也只是给商人们消闲的小说罢。最离奇的是这里市招上的中文，如'你吉达''民娘九尔''阿立古闹如次'等译音，不知出于何人之手。也难怪，中等教育，还在幼稚时期的，已是这里的最高教育了！这样算不算梁漱溟先生所说的整个欧化呢？我想是不能算的。哈尔滨和哈尔滨的白俄一样，这样下去，终于是非驴非马的畸形而已。虽在感着多少新鲜的意味的旅客的我，到底不能不作如此想。"说到消闲的公园，朱自清说："街两旁很多休息的长椅，并没有树荫遮着；许多俄国人就这么四无依傍地坐在那儿，有些竟是为了消遣来的。闲一些的街中间还有小花园，围以短短的栅栏，里面来回散步的不少。——你从此定可以想到，一个广大的公园，在哈尔滨是决少不了的。这个现在叫做‘特市公园’。大小仿佛北平的中山公园，但布置自然两样。里面有许多花坛，用各色的花拼成种种对称的图案；最有意思的是一处入口的两个草狮子。是蹲伏着的，满身碧油油的嫩草，比常见的狮子大些，神气自然极了。园内有小山，有曲水，有亭有桥；桥是外国式，以玲珑胜。水中可以划船，也还有些弯可转。这样便耐人寻味。又有茶座，电影场，电气马（上海大世界等处有）等。这里电影不分场，从某时至某时老是演着；当时颇以为奇，后来才知是外国办法。我们去的那天，正演《西游记》；不知别处会演些好片子否。这公园里也是晚上人多；据说俄国女人常爱成排地在园中走，排的长约等于路的阔，同时总有好两排走着，想来倒也很好看。”说到城市交通，朱自清说：“因为路好，汽车也好。不止坐着平稳而已，又多！又贱！又快！满街是的，一扬手就来，和北平洋车一样。这儿洋车少而贵；几毛钱便可坐汽车，人多些便和洋车价相等。开车的俄国人居多，开得‘棒’极了；拐弯，倒车，简直行所无事，还让你一点不担心。……胡适之先生提倡‘汽车文明’，这里我是第一次接触汽车文明了。上海汽车也许比这儿多，但太贵族了，没有多少意思。此地的马车也不少，也贱，和五年前南京的马车差不多，或者还要贱些。”说到城市的吃食，朱自清说：“我们第一天在一天津馆吃面，以为便宜些；那知第二天吃俄国午餐，竟比天津馆好而便宜得多。去年暑假在上海，有人请吃‘俄国大菜’，似乎那时很流行，大约也因为价廉物美吧。俄国菜分量多，便于点菜分食；比吃别国菜自由些；且油重，合于我们的口味。”朱自清在哈尔滨的观察够细致的了，还去了太阳岛。八十多年前的太阳岛是什么样子呢？朱自清是这样描绘的：“夏天人很多，往往有带了一家人去整日在上面的。

岛上最好的玩意自然是游泳，其次许就算划船。我不大喜欢这地方，因为毫不整洁，走着不舒服。……岛上有一个临时照相人。我和一位徐君同去，我们坐在小船上让他照一个相。岸边穿着游泳衣的俄国妇人孩子共四五人，跳跳跑跑地硬挤到我们船边，有的浸在水里，有的爬在船上，一同照在那张相里。这种天真烂漫，倒也有些教人感着温暖的。……照相人，哈尔滨甚多，中国别的大都市里，似未见过；也是外国玩意儿。照得不会好，当时可取，足为纪念而已。从太阳岛划了小船上道外去。我是刚起手划船，在北平三海来过几回；最痛快是这回了。船夫管着方向，他的两桨老是伺候着我的。桨是洋式，长而匀称，支在小铁叉上，又稳，又灵活；桨片是薄薄的，弯弯的。江上又没有什么萍藻，显得宽畅之至。这样不吃力而得讨好，我们过了一个愉快的下午。”

这就是朱自清对哈尔滨的印象。真的很要感谢朱自清，他把当时的哈尔滨城市和市民风情基本上还原了。多年后，有人给朱自清这篇文章配上当年的老照片，相映生辉，虽然仿若隔世，却也不得不佩服朱自清很有远见的记录。

在哈尔滨乘车后，一路北上进入苏联境内。人迹稀少的西伯利亚地区，朱自清感触很深，在和叶圣陶《西行通讯》中，描写道：

> 平常想到西伯利亚，眼前便仿佛一片莽莽的平原，黯淡的斜阳照着，或者凛冽的北风吹着，或者连天的冰雪盖着。相信这个印象一半从《敕勒歌》来，一半从翻译的小说来；我们火车中所见，却并不如此惊心动魄的——大概是夏天的缘故罢。荒凉诚然不错，但沿路没有童山，千里的青绿，倒将西伯利亚化作平常的郊野了。只到处点缀着

木屋，是向所未见。我们在西伯利亚七日，有五天都下雨；在那牛毛细雨中，这些微微发亮的木屋是有一种特别的调子的。

头两天是晴天，第一天的落日真好看；只有那时候我们承认西伯利亚的伟大。平原渐渐苍茫起来，它的边际不像白天分明，似乎伸展到无穷尽的样子。只有西方一大片深深浅浅的金光，像是一个海。我们指点着，这些是岛屿；那些是船只，还在微风中动摇着呢。金光炫烂极了，这地上是没有的。勉强打个比喻，也许像熊熊的火焰吧，但火焰究竟太平凡了。那深深浅浅的调子，倒有些像名油画家的画板，浓一块淡一块的；虽不经意，而每一点一堆都可见他的精神，他的姿态。那时我们说起“霞”这个名字，觉得声调很响亮，恰是充满了光明似的。又说到“晚霞”；“晚”的声调带一些冥没的意味，便令人有“已近黄昏”之感。L君说英文中无与“霞”相当的字，只能叫做“落日”；若真如此，我们未免要为英国人怅惘了。

第二天傍晚过贝加尔湖；这是一个大大有名的湖，我所渴想一看的。记得郭沫若君的诗里说过苏武在贝加尔湖畔牧羊，真是美丽而悲凉的想象。在黯淡的暮色中过这个寂寞的湖，我不禁也怀古起来了。晚餐前我们忽见窗外很远的一片水；大家猜，别是贝加尔湖吧？晚餐完时，车已沿着湖边走了。向北望去，只见渺渺一白，想不出那边还有地方。这湖单调极了。似乎每一点都同样的平静，没有一个帆影，也没有一个鸟影。夜来了，这该是死之国吧？但我还是坐在窗前呆看。东边从何处起，我们没留意；现在也像西边一样，是无穷的白水。车行两点多钟，贝加尔湖依然在窗外；天是黑透了，我走进屋内，到底不知什么时候完的。

朱自清是在9月5日早上到达法国巴黎的。第二天就和朋友开始了游玩，两天里玩了卢浮宫、凡尔赛、巴黎圣母院、埃菲尔铁塔、殖民地展览会等名胜。巴黎有不少来自清华的留学生，李健吾留学的目的地也是巴黎。这几天的游玩，有朋友陪同，朱自清并不孤独，初到欧洲，兴致也很高，晚上的焰火，也让他眼花缭乱。这几天的印象和心得，在游记《巴黎》一文中都有所体现。

但巴黎毕竟只是他欧洲之行的一个驿站，很快的，他就和另一位同行者徐士瑚到达伦敦。朱自清这次游学，开始的目的并不明确，或者说并没有具体的打算，总体的设想还是有的，即全面考察欧洲文化和英国文化，重点对小说、诗歌、戏剧、音乐、绘画等艺术门类进行考察和研究。所以，9月11日，到达伦敦的第三天早上，送徐士瑚去爱丁堡上车后，他就到皇家学院和伦敦大学索取章程。在研究了章程，又分别和两所大学联系后，朱自清不忘游览、考察，和朋友一起，逛了议会大厦、西寺、白金汉宫、圣詹姆斯公园、伦敦博物馆、国立美术馆、特拉法拉广场等多个名胜。他尽量走马观花，多跑些地方，接下来两三天又去了海德公园和雷根特公园。朱自清联系的两所学校也都有了回音，都嘱他10月初前往。接下来的这段时间，朱自清继续在伦敦参观访问，仅海德公园和雷根特公园他就去过多次，公园的环境也深深地吸引了他，“周围满是铁栏干，车门九个，游人出入的门无数，占地二千二百多亩，绕园九里，是伦敦公园中最大的，来的人也最多。园南北都是闹市，园中心却静静的。灌木丛里各色各样野鸟，清脆的繁碎的语声，夏天绿草地上，洁白的绵羊的身影，教人像下了乡，忘记在世界大城里。那草地一片迷蒙的绿，一片芊绵的绿，像水，像烟，像梦；难得的，冬天也这样。西南角上蜿蜒着一条蛇水，算来也占地三百亩，养着好些水鸟，如苍鹭之类。可以摇船，游泳；并有救生会，让下水的人放心大胆”。(《公园》）朱自清不仅对公园的风光欣赏不已，对于伦敦居民的公园活动，也特别关注，甚至还驻足听各种各样的演讲。《公园》里有这样的描写：“每逢星期日下午，各党各派的人都到这儿来宣传他们的道理。公说公有理，婆说婆有理，井水不犯河水。从耶稣教到共产党，差不多样样有。每一处说话的总是一个人。他站在桌子上，椅子上，或是别的什么上，反正在听众当中露出那张嘴脸就成；这些桌椅等等可得他们自己预备，公园里的长椅子是只让人歇着的。听的人或多或少。有一回一个讲耶稣教的，没一个人听，却还打起精神在讲；他盼望来来去去的游人里也许有一两个三四个五六个……爱听他的，只要有人驻一下脚，他的口舌就算不白费了。”9 月 27 日在雷德公园听音乐时，“见共产党宣传队，人甚众。旗帜各异，标语牌不多。继见印度独立演说。一英人致词以中国为言，颇为印度吐气，……余深为印度人哀，又深佩外人注意政治，其认真之态度，中国人绝无之”。(《朱自清日记》)。散文《公园》里，也有这样的描述：“见过一回共产党示威，演说的东也是，西也是；有的站在大车上，颇有点巍巍然。按说那种马拉的大车平常不让进园，这回大约办了个特许。其中有个女的约摸四十上下，嗓子最大，说的也最长；说的是伦敦土话，凡是开口音，总将嘴张到不能再大的地步，一面用胳膊助势。说到后来，嗓子沙了，还是一字不苟的喊下去。天快黑了，他们整队出园喊着口号，标语旗帜也是五光十色的。队伍两旁，又高又大的马巡缓缓跟着，不说话。”10 月 2 日和 5 日，朱自清又分别赴德雷伯会堂观看交易所艺术社绘画展和英国现代画展。5 日晚上还在友谊之家听了一场关于非洲问题的演讲。

朱自清痛痛快快地游了公园、动物园，看了街景，参观多种艺术展和博物馆，还听了几场音乐剧，然后又在伦敦找了房子安顿了下来。一切看起来非常顺利。但却遇到一件颇为尴尬的事。朱自清在皇家学院遇到一位老教授里德先生，朱自清向他做了自我介绍，说自己是来自中国大学里的教授，利用休假期间来英国学习，准备进修英国文学。这位教授不客气地回答他，旁听于你无益。客观地说，老教授的话有其道理，旁听生和正式在籍学生，毕竟要求不一样（自己对自己的要求，老师对学生的要求）。但他并没有了解朱自清的背景，也不了解朱自清的游学目的。对于朱自清这样的教授来说，学位对他已经可有可无，他只是想充实一下自己的知识结构。但是里德教授神气活现地表示没有时间听朱自清解释。对于里德教授的趾高气扬，朱自清在此进修的想法打消了一半。第二天，朱自清又和里德教授及副教务长联系，对方又强调，必须选修四门课，且四门均须为主课。英国人的刻板和较真，从某种意义上说，也许没错：既然收了你的钱，你就得按照要求和规定好好学。但朱自清觉得这一限制对于自己并不合适，考虑后决定放弃皇家学院。10 月 6 日，朱自清到伦敦大学办了交费手续。此后便在这所大学里听语言学、拉丁文学和英国文学等课。

旁听生的好处就是选自己需要的听，也可根据自己的趣味独立思考问题。但即便这样，在伦敦的学习和生活也不比在国内轻松，上课、读书、买书，还要参观各种展览，观看戏剧电影。朱自清本来就是个“闲不住”，用叶圣陶的话说他是个“匆匆的旅人的颜色”，从朱自清的日记里，就可清晰地看到他的忙碌。比如从 1931 年 10 月 14 日和 15 日两天的日记看，就能约略知道了：

**10月14日　星期三　晴**

早阅报，见俄国为中国定一套罗马字母，不知为何。

下午阅音乐与诗之比较毕，引证虽足炫人，实无甚新义。

兹列本年度拟读书目如次：

1. 通史
2. 圣经
3. 神话
4. 四个悲剧
5. 理查斯的作品
6. 文学形式
7. 现代作家选，美国的七种
8. 语音
9. 论写作与阅读

**10月15日　星期四　晴**

上午阅报竟，读帕尔默文法，知帕尔默有常用字表……

下午至图书馆借书，尚适意。

听讲希腊诗与艺术家，幻灯片甚有味，言语殊不易了然……

兹将拟读之近代作家列下：

小说家：贝内特、哈代、劳伦斯、韦尔斯、康拉德、尼瑞第斯

诗人：梅斯费尔德、瓦特、德拉穆尔哈代、豪斯曼

剧作家：肖伯纳、巴里、高尔斯华绥

## 散文作家：斯特雷奇、贝络克

朱自清在伦敦的学习，充实而紧凑。但作为中国名牌大学的教授，并不是在课堂里听课才是学习，看各类演出，参观博物馆，参观名人故居，都是学习的一部分。据他自己统计，仅从1931年9月到了伦敦，至年底，共看了27场演出，平均四五天就看一次。歌剧《船夫们》《修改者》《橘黄色的秋天》，还有喜剧《皇家禁卫军》、戏剧《巴雷茨》等都给他留下很深的印象。至于莎翁的戏，在英伦可是经常有演出的，他更不会错过这个机会，《罗密欧与朱丽叶》《奥赛罗》《哈姆雷特》《威尼斯商人》等，特别是1932年5月3日至5日，朱自清在莎士比亚纪念剧场连看四部莎翁的戏《李尔王》《凯撒大帝》《第十二夜》《皆大欢喜》。在《伦敦杂记·自序》里，朱自清写道："在英国期间，赶上莎士比亚故乡新戏院落成……我们连看了三天戏，那几天看的，走的，吃的，样样都有意思。"看原汁原味的英语演出，既有剧情可以观赏，又可学到语言艺术，这是所有大学课堂里所学不到的。从这个角度看，朱自清拒绝皇家学院里德教授的课程是有道理的。朱自清看演出，不仅观赏剧情，学习语言，扩大眼界，而且是真正的研究，不少戏剧看完后，还想方设法找来原文剧本和相关评论，阅读研究，了解相关的戏剧艺术知识。

就是参观美术馆或博物馆，看各种画展、雕塑和建筑，他也不是只看表象，对于许多藏品都要追踪研究。在《博物院》一文里，朱自清说伦敦的博物馆很多，"千头万绪"，"只好捡大的说罢了"。朱自清在伦敦都看过哪些大的博物馆呢？维多利亚亚伯特院是个美术博物院，最为堂皇富丽，"所收藏的都是美术史材料，而装饰用的工艺品尤多，东方的西方的都有。漆器，瓷器，家具，织物，服装，书籍装订，道地五光十色。这里颇有中国东西，漆器瓷器玉器不用说，壁画佛像，罗汉木像，还有乾隆宝座也都见于该院的‘东方百珍图录’里”。又到不列颠博物院，这里的“考古学的收藏，名人文件，抄本和印本书籍，都数一数二；顾恺之《女史箴》卷子和敦煌卷子便在此院中”。当然，顾氏和敦煌的卷子都是他们抢去的。

对于欧洲许多大博物馆里收藏的别国的好东西，欧洲人有一个很霸道的观点，说这些宝贝，只适合在我们的博物馆收藏。言下之意是，你们那里没有这个能力。没有能力是多方面的，比如落后、战乱、愚昧、麻木，等等。多年前我曾在德国待过二十多天，他们文化机构里的某位大员在说到柏林新博物馆的许多世界珍贵藏品时，就说过类似的话，还沾沾自喜地说，如果不是他们花大力气把这些珍宝收藏好，怕是早就消失的无影无踪了。我当时就不以为然，但也无可奈何。确实，我们的许多好东西，不是都人为地消失了嘛。

朱自清对名人文件很感兴趣，“像莎士比亚押房契，密尔顿出卖《失乐园》合同”，还有中古钞本，“那时欧洲僧侣非常闲，日以抄书为事；字用峨特体，多棱角，精工是不用说的。他们最考究字头和插画，必然细心勾勒着上鲜丽的颜色，蓝和金用得多些；颜色也选得精，至今不变。某抄本有岁历图，二幅，画十二月风俗，细致风华，极为少见。每幅下另有一栏，画种种游戏，人物短小，却也滑稽可喜。画目如下：正月，析薪；二月，炬舞；三月，种花，伐木；四月，情人园会；五月，荡舟；六月，比武；七月，行猎，刈麦；八月，获稻；九月，酿酒；十月，耕种；十一月，猎归；十二月，屠豕。钞本和印本书籍之多，世界上只有巴黎国家图书馆可与这博物院相比；此处印本共三百二十万余册”。

画院是必须要看的，国家画院、泰特画院等都多次留下朱自清的身影。他对印象派、浪漫派、神秘派都有非常深的印象。在《博物院》里，朱自清有这样精细的描写："特耐尔是十九世纪英国最大的风景画家，也是印象派的先锋。他是个穷苦的孩子，小时候住在菜市旁的陋巷里，常只在泰晤士河的码头和驳船上玩儿。他对于泰晤士河太熟了，所以后来爱画船，画水，画太阳光。再后来他费了二十多年工夫专研究光影和色彩，轮廓与内容差不多全不管；这便做了印象派的前驱了。他画过一幅《日出：湾头堡子》，那堡子淡得只见影儿，左手一行树，也只有树的意思罢了；可是，瞧，那金黄的朝阳的光，顺着树水似的流过去，你只觉着温暖，只觉着柔和，在你的身上，那光却又像一片海，满处都是的，可是闪闪烁烁，仪态万千，教你无从捉摸，有点儿着急。"可见朱自清看得多么的专注了。

朱自清对于书一直都情有独钟，为了满足求知欲望，也是学习需要，他和在国内一样一有空就到处访书。把访书、淘书、买书、逛书店当成乐趣。可惜游学的费用不多，不能满足他的买书需求，否则，他可能会把自己租住的房间当成一个书库的。即便如此，买书还是他的一笔大开销，如1931年10月19日日记云："今日大购书，计得《今日之诗》《外国歌谣》《诗艺》《美国文学小史》《爱书人闲话》《文体论集》诸书，又定牛津版《莎翁全集》，柴尔德《英国歌谣集》二书。"这确实是一个大书单，仅一套《莎翁全集》就该花费不少钱吧。但这些书又确实是他需要的，朱自清是"五四"以后新诗人的代表之一，《今日之诗》《诗艺》是他必须要了解的，《外国歌谣》《英国歌谣集》两种书是他在教学上的需要，朱自清在清华大学开了"歌谣"选修课，参考书越多越有助于他的教学。另外几本书也是必须要读的。

可能是意识到自己购书有些盲目了吧，朱自清在日记中经常警醒自己“加意”“节制”，但还是不能自控，“下午赴诗集书店，购书甚多。余近来食堂购书无节制与国内同，大宜加意！”（10月23日）“在福伊尔斯观书甚久，购书数种，均无惬意。”（10月31日）“买了四本书，花去一镑多钱。这些书并非急需，怎样才控制自己在买书上的花费呢？”（12月7日）像朱自清这样的纠结，相信许多爱书人都有过的。朱自清曾经说过，“买书也是我的嗜好，和抽烟一样”。所以在英国，他虽常常警醒自己，也无意改掉。书店照去，书照买。号称“世界上最大的新旧书店”的福也尔，也常常有朱自清的身影。这家书店被喻为“好像掉在书海里”，有新旧两座大楼，都是四层，分了二十五个部，仅店员就有二百多人。地下室里都是旧文学书。朱自清一有空就来逛，挑挑捡捡淘了不少打折的特价书，一套《莎士比亚全集》只要九便士。

所买的书籍当中，有不少是关于音乐的，类似于音乐简史、音乐欣赏指南什么的，他都会买。在读到一本《弥赛亚》时，朱自清称赞这本书“文字简单明了，具有诗一样的力量，对音乐阐述的非常透彻”。听西洋音乐也是朱自清的一大爱好。喜到什么程度，不大有人知道。在伦敦期间，他很喜欢听教堂唱诗班的歌手们唱歌，在1931年11月30日的日记中，朱自清说：“他们的声音优美而自然，我过去从未听到过。找到了一个歌本，想按音符一个个地去学。戏剧、绘画、音乐将是我下学期感兴趣的学习科目，所以想事先准备一下。”准备的结果就是买了一个留声机。到了1932年11月30日，他在日记中纠结地写道：“因急欲选购代表各阶段音乐史的唱片而心神不定。”在另一则日记中又说：“下决心买以前选定的唱片。我在音乐方面花掉的钱要超过九镑了，天哪!”有一张唱片，录的是夜莺的叫声和教堂的钟声，朱自清觉得好听，也买下了。英国浪漫派诗人济兹有一首代表作《夜莺歌》，就是在朱自清住处附近写下的。朱自清和柳无忌曾去寻访过诗人的旧居，知道诗人的传奇故事——诗人在晚上会听到夜莺鸣叫而联想到那儿有他热爱的情人，有感而发才创作了《夜莺歌》，才暂时忘记了生命的孤寂与悲哀。朱自清买下这张唱片，是否是喜欢《夜莺歌》才爱屋及乌的不得而知。音乐的高雅到底有多“高”，西方人对音乐艺术的理解到底到什么层面，对自己的欣赏能力有什么样的判断，可能都不是朱自清去考虑的——音乐，只是朱自清一个普通爱好而已。

这次欧洲游学，朱自清待了十一个月，在伦敦就住了八个月。这八个月的学习、考察给他带来了重大的收获，为他个人的眼界的开阔、学识的提升、修养的磨励、执教能力的提高等，都带来了重要的影响。还是刚来英国不久时，他给浦江清的信中说：“现在补习英文，亦颇忙碌……希望能将读写培养至相当能力，庶有以对朋友。”

朱自清虽然身在英伦，对于离乱的祖国，也心存惦念。国内的局势、日本人的侵略野心，他都一直关注，1932 年 1 月 25 日，在给陈竹隐的信中，不无忧心地说：“这两天看报，中国的情形很坏；上海已是岌岌不可终日，别处也在危险之中，特别是南京！谁能说有什么局面出来呢?”得悉“一·二八”淞沪抗战爆发，他在日记中写道：“无线电广播说日本人占领了上海，商务印书馆和北火车站被炸成一片火海。这真是人类文化的浩劫。我担心东方图书馆是否还幸存着!”3 月 21 日，又给叶圣陶写信，对中国军队的抵抗表示赞赏：“此次十九军的抵抗，自是天经地义。但政府似乎冷淡（据外报空气），不知是否？如是的，真令人生气！外国人崇拜硬功夫，十九抵抗以前，中国真是只配踏在脚下，以后渐渐好了，虽然如《泰晤士报》等还是冷言冷语，但承认（或者为日本惋惜）中国人居然知道抵抗，这一点总还值一文半文。”后来，这篇文章被叶圣陶加了《总还值一文半文》的标题，发表在他编的《中学生》杂志上。因为日本侵略中国，朱自清甚至不愿意和也在伦敦留学的日本人同住，当听说房东太太把其中的一间房子租给一个日本人后，朱自清毅然地搬到雷根特公园路118号。

1932年5月13日，朱自清偕友人离开英国，开始了他为期两个月的欧洲大陆的漫游。漫游还是以参观为主，朱自清先到巴黎，这里有许多友人，李健吾、吴达元、汪梧封等，陪他看了许多景点。6月5日离开巴黎赴比利时布鲁塞尔，游览了维尔兹博物馆、皇家艺术博物馆、滑铁卢战役纪念碑等等，7日晨抵达荷南海牙。朱自清在《巴黎》《荷兰》等文中都有详细的描述。6月9日，朱自清到达德国柏林。在德国跑了很多地方，除了柏林外，又去德累斯顿、科隆，从科布伦茨乘船到法兰克福。离开德国后，到瑞士去登处女峰，饱览雪山美景。然后去日内瓦，6月29日到达意大利米兰。在意大利一直玩到7月8日，登上“拉索伯爵”号游轮，与柳无忌夫妇等同船回国。

2015年1月24日草于北京朝阳草房

# 《清华园日记》里的朱自清

《清华园日记》是浦江清在清华大学但任教职时的一本日记，日记所记，涉及当时清华大学许多教员以及和浦江清有交往的社会名人。该日记分两部分，第一部分是从1928年至1936年，时记时断。第二部分是从1948年年底至1949年年初。本篇只简略介绍并解析第一部分里对朱自清的有关记录。

浦江清老家江苏松江县（今上海市），出生于1904年，小学和中学都在松江度过，毕业于东南大学西洋文学系。毕业后，经吴宓介绍到清华大学任陈寅恪的助教，时间是在1926年。1929年正式转入清华大学中国文学系任教。浦江清进入清华，比朱自清晚一年多。朱自清大学毕业后，一直在江浙沪一带的中学教书，漂泊不定，生活贫困，在给好友俞平伯的信中，流露出想去北京谋职的信息。1925年暑假期间，清华学校设立大学部，请胡适推荐教授。胡适推荐了他的学生俞平伯。俞平伯恋家，不想出城教书，正好知道朱自清想脱离南方的中学，便向胡适推荐了朱自清，胡适当然也知道他这位学生了，便毫不犹豫地推荐给了清华。朱自清接信后，立即只身来到北京。朱自清在北京的这段时间里，一直住在俞平伯家，直到1925年9月1日，才由俞家移住清华中文部教员宿舍古月堂六号。安顿好后，便于9月4日写信给胡适，感谢他的推荐。9月9日开学后，朱自清教李杜诗等课。至此，朱自清开始了终身服务于清华的历程。

浦江清的清华园日记始记于1928年1月1日至1936年1月30日，为第一阶段。日记记述他和朱自清的交往也主要在这一时间段里。后来还有《西行日记》。到了1948年12月12日恢复记日记时，朱自清已经逝世了。

浦江清日记里第一次出现朱自清，是在1928年1月22日。日记云："斐云招余至其家吃年夜饭。是晚客仅余及王以中君、朱佩弦君及斐云夫人之姊张女士四人。"斐云即赵万里，王以中就是王庸。赵万里是浙江海宁人，出生于1905年，毕业于东南大学中文系，其时任清华大学国学研究院助教，王庸是江苏无锡人，出生于1900年，1919年入南京两江高等师范读书，1928年清华国学研究院毕业后留校任教。其时是旧历除夕，当时民国政府废除旧历制，提倡新生活，把元旦当新年，但民间还会在旧历除夕这一天过节。赵万里新婚不久，请朋友吃饭，朱、浦、王都是同事，特别是朱自清，其时已经是很有名望的作家，和赵万里又是朋友，早在1926年5月30日，朱自清就邀请赵万里午宴，同席的还有顾颉刚等人，饭后，还和顾颉刚、赵万里等人看了圆明园遗址。1928年的清华大学，和往年大不一样，民国政府议决改清华学校为国立清华大学，罗家伦为校长，杨振声担任文学院长兼中国文学系主任。杨振声和朱自清是北京大学前后届的同学，特别器重朱自清，一到任，就和朱自清商量中文系的草创工作。杨振声在《纪念朱自清先生》一文里，回忆了 1928 年和此前清华大学中文系的基本现状："那时清华风气与现在大不相同，国文是最不时髦的一系，也是最受压迫的一系。教国文的是满清科举出身的老先生们，与洋装革履的英文系相比，大有法币与美钞之别。真的，国文教员的待遇不及他系教员的一半。因之一切都贬了值，买书分不到钱，行政说不上话，国文教员在旁人眼角视线下，走边路，住小房子。我想把国文系提高，使与他系一律平等。"又说到和朱自清的交往："我到清华时，他就在那受气的国文系中作小媳妇！我去清华的第二天，便到古月堂去访他。他住在西厢房一间小屋里。下午西窗的太阳，射在他整整齐齐的书桌上，他伏在桌上低着头改卷子。就在这小屋子里，我们商定了国文的计划。"正是在杨振声和朱自清的努力下，清华大学中文系才有了新气象。在这种背景下，清华的年轻教师必定比老教师还要开心。到了寒假里，赵万里请吃年夜饭，请朱自清和浦、王二位年轻教师，聊聊新年，聊聊文学，聊聊来年的打算，开开心心过了新年。另外，赵万里请客，可能还有另一层意思，即浦、王和他自己，都是吴宓编辑天津《大公报》副刊《文学》的作者，席间，大约也没少聊这方面的话题。而此后不久，朱自清也成了撰稿人之一。

浦江清日记第二次提到朱自清已到 1928 年 9 月 1 日。这天日记里记的事情较多，有朋友来访，有晚上朋友招宴，有朋友花五十元新购一辆自行车，欲学骑云云。有专门一段写朱自清："至佩弦处闲谈。佩弦方治歌谣学，向周作人处借得书数种在研读。"在 20 世纪 20 年代，北京大学兴起歌谣热，周作人、刘半农等都参与其中，周作人写过文章，也搜集过不少歌谣。清华大学中文系经杨振声改革后，气象大新，课程安排上也更丰富。朱自清要在新学年里担任歌谣课的老师，所以要在这方面下大力气。新学年里，朱自清的好朋友俞平伯，也应罗家伦校长之聘，到国立清华大学中文系任教，还兴致很高地写了《始来清华园》一诗。俞平伯也喜欢歌谣，1921 年 11 月 9 日到常熟游览，在常熟旅社里，还想到在杭州看到有人用粉笔写在墙上的歌谣："高山有好水，平地有好花；家家有好女，无钱没想她。"还根据这首歌谣重写一首白话诗，并作了小序。到清华和朱自清成为同事，交流很多，歌谣也是话题之一吧。到了 1928 年 11 月 7 日，朱自清和俞平伯一起招待了来访的周作人，席间有没有讨论歌谣呢？可以肯定的是，周作人曾在 11 月 21 日致信俞平伯，请俞代问朱自清是否愿意代沈尹默在燕京大学讲"诗的课"。而朱自清答应了，否则，不会有 24 日这天，俞平伯在给周作人的信中，谈及朱自清当日上午在燕京大学讲"歌谣之起源与发展"的课，并称朱自清"大有成为歌谣专家的趋势"。

第三次写到朱自清是在 1928 年 9 月 6 日。日记云："佩弦来闲谈，说起钱基博有《文学史讲义》，云孔子自创雅言，其后孔子门徒遍天下，故战国末文言统一了。""五四"以来，中国文学史是一门新兴的课程，一直是学术界争论较大的一个课目。虽然刘师培早在 1917 年就在北京大学开设中国古代文学史课，到了 1918—1919 学年时，他已经写成了较成熟的讲稿《中国文学讲稿概略》，十余年下来了，关于这门课，国内还是没有权威者，文史大家刘咸炘就质疑过：

> 文学一科，与史、子诸学并立，沿称已久，而其定义、范围，则古无详说，今亦不免含混，是不可不质定者也。
>
> 近者小说、词、曲见重于时，考论渐多，于是为文学史者阼取以为新异，乃至元有曲而无文，明有小说而无文，此岂足为文学史乎？

> 但是，想要另起炉灶别撰一本，则非易事，只能引述了《论语》所谓文学，乃是对德行、政事而言，而所谓学文，则是对力行而言，皆是统言册籍之学。以后学科的分化，才有专以文名，著录诗赋一种，然后扩展为集部，与史、子相分别。到了六朝齐、梁之时，才有文、笔的区分，以有藻韵者为文，无藻韵者为笔。其后雕琢过甚，以复古返质，掀起古文运动，文、笔之说遂废无人谈，而古文与史、子皆入，也未尝定其畛域，浑泛相沿而已。清代阮元复申文笔之说，文的范围才有讨论，章太炎正阮之偏，以为凡著于竹帛谓之文，有无句读、有句读的分别。近人取西人之说，以诗歌、戏曲、小说为纯文学，史传、论文为杂文学。

确实是这样。当年俞平伯要讲中国小说史，还写信给老师周作人，商借鲁迅的《中国小说史略》做参考。小说史只是文学史的一部分，尚且艰难，何况内容更为庞大的文学史呢。在此几年后，才有胡小石的《文学史讲义》、林庚的《中国文学史》、台静农的《中国文学史》（未完稿）稍有影响。这次朱自清向浦江清谈及钱基博的《文学史讲义》，是浦江清准备担任这门课而引起的。在那个时代，钱基博这本《文学史讲义》，和鲁迅的《中国小说史略》几乎齐名，大学老师们参考最多。说实话，直到现在，这门课还是问题多多，以我这个外行人来看，现在通行的大学古代文学史教材就是胡闹，不说也罢。

浦江清第四次在日记里写到朱自清，是在 1929 年 1 月 31 日。浦江清的日记时断时续，从 1928 年 9 月 26 日停笔后，直到 1929 年 1 月 29 日才又重拾起来，中间断了四个多月。1929 年 1 月 31 日这天的日记，浦江清所记的事情很多，涉及朱自清的这一段是："吴雨僧先生及张荫麟君来谈。谈及《大公报》（天津发行）《文学》副刊前途事。此期稿件甚缺乏，缘《大公报》纸张加宽，每期需九千字，而负责撰稿者仅四人。佩弦新加入，尚未见有稿来。以后每人每月需担任七千余字方可对付。"《大公报》副刊《文学》的主编是吴雨僧，即吴宓。浦江清日记在1928年1月17日的日记曰："晚上，吴雨僧先生（宓）招饮小桥食社。自今年起，天津《大公报》增几种副刊，其中《文学》副刊，报馆中人聘吴先生总撰，吴先生复请赵斐云君（万里）、张荫麟君、王以中君（庸）及余四人为助。每星期一出一张，故亦定每星期二聚餐一次。"此后不久，吴宓因家事和教学诸事繁忙，时常委托浦江清实际办理。浦江清既是撰稿人，也是组稿人，还是编辑。这次谈话，重点应该是关于稿件事。由于这个副刊关注文史，而且许多文章是文言文，在当时引起不少白话文作家的反感。

此后两次日记，关于朱自清的记述都是关于稿件事，如1929年2月5日云："佩弦交来副刊稿件，为评老舍君之《老张的哲学》《赵子曰》两小说之文。文平平，无甚特见。《赵子曰》我曾读过，并在副刊主论《小说月报》十八卷时曾评及之。老舍君笔头甚酣畅，然少剪裁，又多夸诞失实，非上等作家也。"2月6日又云："晴，暖，发副刊稿至天津。稿共二篇，一即佩弦稿，一即荫麟纪念梁任公之文。"

1929年5月3日之后，浦江清日记再次中断。一年半以后的1930年12月26日才又重新开笔。这段时间，浦江清正在恋爱，单恋燕京大学才女蔡贞芳。从此之后的日记，内容比以前较为详细，多为和蔡贞芳的交往，关于朱自清的记录也不少。开笔第一天的日记、即1930年12月26日日记就有记录："今天可不同了。预先约好，请贞芳、仰贤来吃饭，并且请公超、佩弦作陪。”还说，“佩弦和公超喝了些酒。”仰贤即陈仰贤，是蔡贞芳的同学兼好朋友。重新开笔的日记写的较长，透露了很多在当时还鲜为人知的信息，比如吴宓追求的燕大学生陈仰贤对吴的态度，浦江清很冷静地写道：“仰贤批评吴先生的离婚，表同情于吴师母，并且说吴先生的最小的一个女孩在家里，一听外面门铃响，便说爸来了，最使她的母亲伤心。仰贤批评说，吴先生是最好的教授，但是没有资格做父亲，亦没有资格做丈夫。这使我们都寒心，因为在座诸人都知道，吴在英国，用电报快信与在美国的毛彦文女士来往交涉，他们的感情已绝裂了。吴现在唯一希望在得到仰贤的爱，而仰贤的态度如此，恐怕将来要闹成悲剧。”日记里还写了仰贤和贞芳唱昆曲，并说，“他们都是跟溥西园新学的”。溥西园是著名昆曲家，此时正在和朱自清恋爱的陈竹隐也是溥西园的学生。浦江清第二天，即 1930 年 12 月 27 日的日记又写道：“晚饭后，访佩弦于南院十八号。佩弦刚和陈竹隐女士从西山回来，还没有吃饭。佩弦替我买了一个故宫博物园印的日历。和陈女士略谈几句，便回来。陈女士为艺术专门学校中国画科毕业生，四川人，习昆曲，会二十出余。佩弦认识她，乃溥西园先生介绍，第一次（今年秋）溥西园先生在西单大陆春请客，我亦被邀。后来，本校职教员公会娱乐会，她被请来唱昆曲。两次的印象都很好，佩弦和她交情日深。”此后日记，多次写到朱自清。如 1930 年 12 月 29 日，说“晚上，叶石荪请客”，“佩弦醉”。30 日，“晚上，赴叶公超君之宴。同座有俞平伯，叶石荪，朱佩弦及邹湘乔。西餐，洋酒。讨论中国旧剧之种种”。31 日，“早上，发《文学》副刊第百一一期稿，因明日元旦邮局不办公，所以早发一日。平伯、佩弦借西客厅请客，故回房里看书”。1931 年 1 月 6 日日记：“下午回清华。电贞芳，云明日去访，她亦刚进城回来也。晚至佩弦处，适公超、章晓初在，谈至夜分。”8日，浦江清的日记中写到他晚上请客，朱自清也在他请的九人名单中。9日，提到“上午在佩弦处谈”。14日，“晚间和佩弦、瑞珩、士荃、坚白等一同坐清华的校车进城”。18日，“下午到南院，佩弦进城未回”。这几则日记都是一笔带过。19日日记云：“往图书馆，替贞芳借关于普罗文学理论的书，图书馆中没有，往国文系研究室，向佩弦借了几本。”从这则日记中，看出朱自清藏书之丰富和读书之广杂。25日日记云：“午刻，湘乔宴请熟人，有陈竹隐、廖书筠两女士（皆四川人）。佩弦与陈女士已达到互爱的程度。陈能画，善昆曲，亦不俗，但追求佩弦过于热烈，佩弦亦颇不以为然。佩弦在这里已满五年，照校章得休假一年，资送国外研究。他要到英国，想回国后再结婚，陈女士恐不能等待了。”朱自清在北大读书期间，于1916年12月15日在扬州和武钟谦女士结婚。1929年11月26日武钟谦因病去世。夫人去世后，朋友们对朱自清的婚姻生活也极为关心，1930年春天，好友顾颉刚要为朱自清介绍女朋友。朱自清拒绝了顾的好意后，反而心绪难平，做了一首诗，其中有句云：“此生应寂寞，随分弄丹铅。”到了1930年下半年，朱自清才由溥西园、叶公超先生牵线搭桥，认识了陈竹隐（见浦江清1930年12月27日日记）。陈竹隐出生于1907年7月14日，名宝珍，以字行。在陈竹隐16岁那年，父母双双去世。此后，她考入四川第一女子师范，后又考入北平艺术学院，师从齐白石，于1929年毕业后，在北平第二救济院找了份工作，因不满院长克扣孤儿口粮愤而辞职，以当家庭教师教人作画为生，同时在溥西园门下学习昆曲。溥西园就是溥侗，是朱自清在清华的同事，号西园，别署红豆馆主，是清室后代爱新觉罗氏，世袭镇国将军、辅国公。此人是个大才子，自幼钻研棋琴书画，收藏金石碑帖，通晓词章音律，精于治印，更酷爱京昆艺术。朱自清和陈竹隐二人恋爱公开后，得到了许多朋友的祝福，俞平伯致周作人的信中都有提及，并认为“渐近自然”。浦江清日记中“恐不能等待”，并不是担心之语，而是指相爱的程度。朱自清到英国留学一年，于 1932 年 7 月 31 回国抵达上海，陈竹隐早已在上海码头等候，随即在上海举行了婚礼。

浦江清 1931 年的日记只记了一个月就中断了。重新写日记，是在一年后的 1932 年 1 月 9 日，两个月后再次中断。直到 1936 年 1 月才又开始。这段时间里，只有一则日记里提到朱自清，是在 1932 年 1 月 16 日，日记云：“因旧历年底将届，汇家二百元。又代朱佩弦汇扬州二百陆拾伍元。”其时朱自清正在英国留学，在扬州的父母和子女的生活费用需要他汇钱回家，浦江清大约是受朱自清委托，每月给家中汇款的。

1936 年的日记中没有关于朱自清的记录。事实上，这年的日记也只记一个月就中断了。

在清华园日记下半部分的引言里，清江清谈及他在清华的好朋友，有“与朱佩弦君最熟”一句，“师友除前述吴、陈、赵、王诸人外，有朱佩弦、叶公超、叶石荪、俞平伯、王了一等在清华”，说到与夫人张企罗的婚姻，“到北方后，佩弦替我决策，开始和企罗通信”。连婚姻大事都请朱自清“决策”，可见二人感情之深厚了。说到清华大学中文系的现状，浦江清更是动情地说：“闻一多于三十五年七月，被刺于昆明，为我清华中国文学系一大损失。复员北平后两年，朱佩弦于三十七年八月十二日以胃溃疡开刀，病殁于北大医院，清华中国文学系再遭受一大打击……清华大学中文系现由我代理主任，教授有陈寅恪（兼任历史系教授）、许骏斋、陈梦家、余绍生（冠英）、李广田，连我共五位半，名额不足，人才寥落，大非昔比。”从这段话中，也能看出朱自清在学术界的地位和之于清华大学的重要。

可惜浦江清的《清华园日记》，看上去跨度多年，其实实际记的天数加起来不足一年，如果能够记全，必定有更多的关于朱自清的记录。但仅从现在的日记看，也足见他们友情之深厚了。

2013 年 12 月 2 日写于北京草房

## 《遥夜闺思引》

郎住西海东，妾住东海西。海山日明灭，海水夜凄凄。清波几回尘，枯桑几日薪。郎身与妾意，离合难相亲。……唇丹羞尹邢，缣素和衣玷。生菜镂碧华，芦管传芳斟。丰神谐异国，海气变雅琴。一弹水仙操，再抚离鸾吟。三叹流波息，西崦日欲沉。移情思君年，沧海邈遗音。

——《遥夜闺思引》节录

俞平伯的诗词，文字精准，意境幽深，情境渺远，既丰富复杂，又单纯唯美，极具文学性，是现代诗家中的上品，能匹其左右者无多。

抗日战争时期，俞平伯苦居北平，艰难度日，在时光慢慢中，苦吟低诵，作了不少好诗妙词。五言长诗《遥夜闺思引》，就是在这特殊的环境里，创作完成的一个大工程。此诗写作的准确年份不详，大约开始于 1942 年至 1943 年间（构思时间可能更早），完稿于 1945 年 9 月 24 日，几经苦吟，反复推敲，耗时达两三年才定稿。由于当时正处沦陷区，环境特殊，既要表白心境，又要不露“破绽”，写得相当艰涩难懂。在此后数年中，俞平伯又把该诗抄写数十遍赠送给亲朋好友，仅跋文就写了十六七篇之多。

俞平伯近十年的艰难苦守，终于迎来了清华大学的回迁。但，俞平伯没有重回清华，而是由北平临时大学转入了北京大学任教。致此，俞平伯又回到他熟悉的环境中了，又可以从容地从事创作和研究了。

回顾过去近十年的蹉跎岁月，对俞平伯的创作和研究造成的伤害是巨大的。何况这十年又是他人生的壮年时期。如此美好的年华，在中华民族面临的灾难面前，像俞平伯这样具有士大夫情怀的大知识分子，等待似乎是不多的选择之一。我在翻看《俞平伯全集》时，发现他在这一时期的著述都不多，主要成绩是在古典诗词的创作和研究两方面。有时我会想，如果不是家国蒙难，人生流离，友朋星散，心情抑郁，仅创作一项，怕是也要多出不少成果吧。搞创作的人都知道，写作不仅需要才情，更需要环境和心情。可以想见的是，在敌占区的北平，在阴霾的天底下，俞平伯所能做的，只能是翻翻古籍、填填诗词、聊以打发光阴了。但俞平伯毕竟是有大才的学人，他不想也不愿浑浑噩噩虚度年华，他要心有所依，要表明心迹，于是《遥夜闺思引》便在心头酝酿了。

在不断吟咏、修改、抄写中，《遥夜闺思引》终于历经数年而完稿了。

这一浩大工程的告竣，可以一除俞平伯心中的郁闷，加之日本法西斯无条件投降，俞平伯心情不错，白日放歌须纵酒，青春作伴好还乡。纵酒似乎可以有，尽管酒量不大，微熏几次又何妨？“还乡”就是可以公开他的长诗了。俞平伯不辞辛苦，用他擅长的小楷，一连抄写了数本。1945年11月9日，他把抄写的第一本《遥夜闺思引》赠许季珣并作了跋语。在这篇跋语中，俞平伯透露了写作的初衷："索居古燕遣愁笔也。"又解释了"闺思"名，是因为"相思相望，会少离多，虽然是陈言，却为正意"。接着，他对该诗作了简明的概述：全诗"约分四节，首至'无碍红颜想'，多天风海水缥缈之音，题外闲情每与正文参错。此下至'所思渺西海'，插笔自叙，又分幼年、中岁、近事，结联挽合本题。至'近将适裸国'，此一节最觉芜杂，正文间出，亦偶有自序处，而大致眷怀家国爝火兴衰，上下四方蹙蹙靡骋，略拟楚骚《招魂》。'重海互暄寒'以下杂抒怀感。此诗原不须如是长，以二、三段闲笔过多，遂稍缘饰其词，以免畸重之病。反复零乱中本事约略可循。一唱三叹结束长言，与首遥应、固兴感于寂寥，而赏音之所以稀，亦缘宗国衰微之甚也。"此跋虽有许多谦词，也能看出他的得意之情。试想，如果不是日寇投降，心情大悦，他能和亲朋如此爽快的交流吗？

到了1945年11月中旬，又为自写第二本《遥夜闺思引》赠胡静娟作跋语；11月28日，为自写第三本《遥夜闺思引》赠毕树棠作跋语。这篇跋语还发表在次年1月21日天津《大公报》的《综合》副刊第34期上。更有意义的是，在11月28日晚上，清华大学负责先头接管、复员工作的陈福田在东来顺宴请来自昆明的梅贻琦校长，俞平伯受邀出席，同时作陪的还有张伯谨、孙锡三、孙瑞芹、陈岱孙等人。席间，俞平伯将长诗《遥夜闺思引》手稿、书信及《谢灵运诗集》托梅贻琦带给还在昆明的好朋友朱自清。从这一举动上，可见俞平伯和朱自清的情谊之深。1945年12月24日，朱自清在写给俞平伯的信中，专门评说《遥夜闺思引》，他说："全诗规模甚大，'所思渺西海'一语殆属关键所在，亦即所谓本事，就此而论，确极缠绵悱恻之致。篇中随处表见身世及怀抱，难在于本事打成一片。"又说，"……诗第二段最为明豁，叙事宛切到家。首段以海天为背景为象征，亦与本事融合恰到好处。三、四段反复零乱，似《离骚》，似《金荃》。然五言长篇如此者绝无仅有，此两段索解人似最难。"不愧是知交好友，解读如此细致而精准。

大约在1945年的11月间，在接受吴小如为入室弟子后，吴小如以小楷抄录《遥夜闺思引》为贽敬。12月2日，俞平伯又为吴小如写赠本《遥夜闺思引》作跋语；4日，以吴小如写本《遥夜闺思引》赠夫人许宝驯再作跋语。在此后一两年的时间里，俞平伯又写了数本并题跋赠送了儿子俞润民、好友杨振声等，又专门为叶圣陶写本《遥夜闺思引》作了跋语。到了1947年7月15日又为自写第六本《遥夜闺思引》作跋语。在这篇《跋》里，俞平伯说："暴春霆世兄来，出其家藏'林屋山民送米卷子'……一日，有他客来，君亦在座，偶见此稿于案头而悦之，即云，以此影印，至佳也。"这就是《遥夜闺思引》影印本的由来。有了影印本，俞平伯不再抄写了。据唐弢在《晦庵书话》里透露，该影印本于3月（1948年）由北平彩华印刷局以上好的道林纸珂罗版影印100册，白底加若干蓝点的封面配上妻妹许季珣的题签，用两束蓝色的绒线装订成薄薄的一册，显得格外的精致雅洁。5月，又改版印了300册，改红色的绒线装订成册。唐弢还感怀道："此书不仅能感受作者隽永的情怀，体味格律诗的韵美，还是一册上好的字贴，洒脱毓美的小楷字体，不能不让人赏心悦目。"黄裳在其著作《榆下说书》里也写到了这本《遥夜闺思引》，他说："这是作者的一首五言长诗，通3700余言，前有自序。全书由作者用极漂亮的小楷写的'仿绍兴本通鉴行格'的纸上。卷尾题'岁次乙酉九月二十四日写于北平德清俞铭衡平伯'。自序后钤一印，白文，'僧宝'二字。此书于1948年在北平由彩华印刷局用玻璃版影印，不过用的乃是洋纸，而装订法甚古，用黄丝线于上下串订，可以说是相当别致的。记得我曾向作者购买初版、再版本各一册。现在手头只剩下1948年5月再版本一册。再版共印300本，价12万元。"不过，再版本增加了《沁园春·戏答静娟表妹题赠》二章和《题〈遥夜闺思引〉杂咏》六首，更丰富了此书的内容。

有了这次成功的经验，俞平伯又影印了一本《〈遥夜闺思引〉跋语》。该书收入了俞平伯为各种抄本题写的跋语十七篇，也是由北平彩华印刷局于1948年8月印行的。此举在朋友圈内再次引起关注，一时成为佳话，朋友们都想一睹其风致。在一段时间内，这两本小书的形式、开本和内容，都成为朋友们雅集时的谈资，而对于《遥夜闺思引》艰涩难懂，反倒是不去在意了。人们只知道作者在沦陷期间虽然生活在日寇的铁蹄之下，但并非甘愿，而是心向蜀汉的。正如吴宓在日记中云："晚，读俞平伯手写（乙酉九月）精印（丙戌二月）所撰《遥夜闺思引并序》，以儿女之情思，写国家之忠爱。词意凄婉，托喻深微，须细推求耳。"吴氏跟朱自清、叶圣陶等人的观感差不多，也觉得此诗不大好懂，"须细推求"。然而，大概意思他是明白的。"以儿女之情思，写国家之忠爱"，有这两句评语就够了。

沦陷期间的俞平伯，"寄迹危邦，避人荒径"，尽管这一时期的创作不多，但能独写"聊忏幽忧"的长诗《遥夜闺思引》，以述十年徒掷之悔，不仅符合他的个性和情怀，也让许多人感佩和敬仰。

2014年秋写于北京草房

# 苏曼殊和他的诗

禅心一任蛾眉妒，佛说原来怨是亲。
雨笠烟蓑归去也，与人无爱亦无嗔。

这是苏曼殊先生《失题》诗之一。苏曼殊在短暂的三十五年人生生涯中，写了好多充满智慧的心语和禅意颇浓的诗。这些诗，不仅有一种凄清哀艳的美，也有一种弃俗绝尘的丽。在《西京步枫子韵》里，他说："生憎花发柳含烟，东海飘蓬二十年。忏尽情禅空色相，琵琶湖畔林经眠。"在《读晦公见寄七律》里，更是抒发了情憎的风度："收拾禅心侍镜台，沾泥残絮有沉哀。湘弦洒遍胭脂泪，香火重生劫后灰。"

苏曼殊出生于1884年，是他父亲与一个日本女人的私生子。苏氏生活在这样的家庭里，身心自然受到压抑，早在1900年便萌生禅意，后在广东新会县崖山慧寺，由赞初大师剃度。又行至番禺县梅云寺和广州白云山蒲涧寺，几个月后便又回到日本。在日本，他钻研佛经，学习绘画，边学习边参加孙中山的革命活动，结识廖仲恺、何香凝等革命党人。1903 年回国，用文言翻译《悲惨世界》，连载于陈独秀所办的《国民日报》。年底去惠州拜一老僧为师，得字遣凡，法名博经，自号曼殊。纵观苏氏行色匆匆、极富传奇色彩的一生，可以说，既是一个诗僧，也是一个情僧，又是一位小说家，创作了《断鸿零雁记》《天涯红泪记》《绛纱记》《非梦记》等小说。他的诗更是有感而发，率性而为，感情充沛，情真意切，人称“亦僧亦俗、亦侠亦儒的革命者和文艺家”。自称“天生情种”。他在日本有一个“相好”静子，后来为他殉情而死。他的一生，“处于欲爱不能，欲罢不甘，爱于不能爱，罢于不能罢的境地”。（“禅悟五人书”序）

苏曼殊的诗，和他的小说一样，多描写人生的悲欢离合和男情女爱，读来情深绵邈，荡气回肠，“清凉如美人，莫愁如明镜。经日对凝妆，掩映万荷柄”。(《莫愁湖寓望》)，不知是写美人，还是写荷花。“好花零落雨绵绵，辜负韶光二月天。知否玉楼春梦醒，有人愁煞柳如烟。”（《春日》）真是有哀有怨，有苦有涩，有悲感，有惆怅。“碧玉莫愁身世贱，同乡仙子独销魂。袈裟点点疑樱瓣，半是脂痕半泪痕。”（《本事诗》之三）同样是一叹三咏，情感浓厚。但，苏氏的诗于情爱悲欢中又不失一个“清”字，总是在苦涩中透出不经意的幽雅，有诗为证：

罗襦换罢下西楼，豆蔻香温语不休。
说到年华更羞怯，水晶帘下学箜篌。

——《东居》之三

秋千院落月如钩，为爱花阴懒上楼。
露湿红蕖波底袜，自拈罗带淡蛾羞。

——《东居》之七

蝉翼轻纱束细腰，远山眉黛不能描。
谁知词客蓬山里，烟雨楼台梦六朝。
——《东居》之十四

倾读苏氏的诗，感觉如凉秋爽风里掺糅着淡淡的哀怨，还有一丝愁绪和伤怀，直沁肺腑，“清”和“淡”始终萦绕于心，又仿佛山月朗照下听杜鹃啼唤，听松涛轻吟，静心处溶进绵绵月色。但是，细细品来，诗中还飘逸着禅味和理趣，淬去了多余的烟火气，具有宗教家的大悲怀，谛视的是人类的苦难和命运。

苏曼殊还译有《梵文典》第一卷，1908 年出版一册《文学因缘》，他的《断鸿零雁记》尽管是用文言写的，却是一篇具有现代意识的小说，通篇洋溢着浓郁的诗情和悲悯的情怀，是“旧小说向新小说过渡的重要桥梁”。和陈独秀、刘师培等创建“亚洲亲和会”，和周树人（鲁迅）、周作人兄弟创办《新生》杂志。他数次往返中日，传经说法，吟诗会友，写作了数量可观的小说和译作，是近代中国罕见的“多面手”。

可惜，天不假年，苏曼殊因肠胃病于 1918 年 5 月 2 日病逝于广慈医院。近百年来，人们几乎要忘记他。直到 1998 年6 月，沈阳出版社出版一套“禅悟五人书”，才把他的作品集中收在《苏曼殊集》里（另四部文集分别是《李叔同集》《许地山集》《废名集》《丰子恺集》）。选编者查振科先生共选他的随笔 9 篇，小说 6 篇以及数十首诗。查振科在序言里，说他“一生行色匆匆，极富传奇色彩”。在该书的封底上，有两句话恰如其分地体现了苏氏的人文思想，也是读者的阅读感受：“纵使时光流逝，美妙的文字带你体味永恒禅意；任凭世事喧嚣，智者的心语引你参悟人生真谛。”

2001 年 12 月 29 日

**补记**

中国书籍出版社编辑出版一套“中国书籍文学馆·大师经典”，其中有一本《苏曼殊精品选》。因我是“丛书”策划者之一，顺便在这里简略介绍一下这本“苏曼殊集”的选编原则。苏曼殊作品存世量不大，品种较杂，主要是诗，但按其他同类书的休量，诗也不够出一本，只好把其他文体也一并收入。本书分“诗歌”“散文”“小说”“书信”“题画·题照”和“译著”。在该书封面上，推荐语有这样一段：“他以其所处时代的道德、哲学等观念为创作基础，通过融合中外浪漫主义精神形成的凄绝清婉、直抒性情和透脱自然的新诗风格自成一体，成为五四浪漫主义潮流中的一座丰碑。”

有必要一提的是，“五四”时期著名文化大家周作人先生也对苏曼殊推崇备至，在1930年他曾收藏苏曼殊的三本书：《曼殊诗文》《曼殊手札》和《曼殊轶事》。据陈子善先生在《知堂藏曼殊三书》一文中介绍，三本书“均64开本小册，所谓袖珍本是也”。该书原是周作人收藏，周氏于20世纪60年代初转赠给张铁铮，张又于1998年转赠给陈子善先生，并称陈为“会心周氏著作”，“会心”一词深为贴切。可惜我未能亲睹三书的尊容。好在山东画报出版社出版的陈子善著作《不日记》里，有《曼殊诗文》的书影，是由上海广益书局于1931年2月出版的，特别雅致好看。

2016年7月26日记于北京草房

# 《李叔同诗文遗墨精选》

《李叔同诗文遗墨精选》出版于2003年10月，是“白马湖作家群文丛”之一种。另三种分别是《夏丏尊散文译文精选》《丰子恺散文漫画精选》《朱自清散文精选》。四位先生都是在各自领域成就卓越的名家，先后在白马湖畔春晖中学担任过教师（或有住所），教书育人之余，创造了令人难以复制的“白马湖”文艺现象，其成就令世人瞩目。

“镜花水月，当体非真。如是妙观，可谓智人。”这是李叔同在白马湖畔晚晴山房为《淡斋画册》题的偈语。我不想揣摩此偈的深意，说智者，李叔同可谓大智，诗文、音乐、绘画、书法、篆刻、戏剧均有大成，正如他的弟子丰子恺先生所说：“文艺的园地，差不多被他走遍了。”他早年住在上海城南的“草堂”，和张小楼、蔡小香、袁仲濂、许幻园等成立“天涯五友”，互相诗词唱和，颇为投合，或许是年少恃才，诗和词有些风花雪月，也有些波俏和机智。他有一首《清平乐·赠许幻园》，就写于那一时期：“城南小住，情适闲居赋。文采风流合倾慕，闭户著书自足。春阳常驻山家，金樽酒进胡麻。篱畔菊花未老，岭头又放梅花。”真是一幅闲情有趣的闭户著书图，这样的小住，哪一位文家不曾幻想过呢？在《戏赠蔡小香四绝》里，有“轻减腰围比柳枝，刘桢平视故迟迟”之句。而忧国忧民的诗词则集中在诗词集《辛丑北征泪墨》里，《轮中枕上闻歌口占》就是其中的代表作：“子夜新声碧玉杯，可怜肠断念家山。劝君莫把愁颜破，西望长安人未还。”“辛丑”即一九零一年，义和团抗击八国联军失败，李叔同由沪进津省亲，由于交通不便，被迫在津居留两月。这一时期，他还写了大量的忧患感怀诗，试录两首如下：

杜宇啼残故国愁，虚名况敢望千秋？
男儿若论收场好，不是将军也断头。

——《感时》

一杯浊酒过清明，觞断樽前百感生；
辜负江南好风景，杏花时节在边城。

——《津门清明》

夏丏尊先生曾经由衷地表示，李叔同所懂得的，不仅是图画、音乐，他的诗文比国文老师的更好。此话并非好友间的“抬轿”，确是功力非凡，常有惊人之句，比如“一花一叶，孤芳致洁”，比如“日似解人离别苦，清光减作一钩斜”，再比如“某山某水留奇迹，一花一草是爱根”，简白中透出深邃的禅意，真是“二十文章惊海内”。

“长亭外，古道边，芳草碧连天。晚风拂柳笛声残，夕阳山外山……”这首耳熟能详的《送别》，就是由李叔同选曲并配词的经典，词和曲天然绝配，忧郁、哀愁、感伤中，萦绕着言犹不尽的情怀，感染了数代人。这首歌的绝妙之处，除了词的婉约、淡雅、凄美、柔情，歌词吸收中国传统小令长短参差，句式充满变化外，更让人拍案叫绝的是，他借用了当时在日本很流行的歌曲《旅愁》的旋律（而《旅愁》是日本作曲家大童球溪借用美国艺人约翰·P. 奥德威所作的《梦见家和母亲》的旋律）。经李叔同这样的组装、化用，那种眷恋，那种哀怨，那种痴情，真是珠联璧合，相得益彰。

李叔同在出家之前的一二十年间，写了许多歌，《祖国歌》《我的国》《大中华》《春游曲》《西湖》《晚钟》《朝阳》等，有的是作词配曲，有的是词曲皆工，他配词的三部合唱《采莲》，词是这样的："采莲复采莲，莲花莲叶何蹁跹！露华如珠月如水，十五十六清光园。采莲复采莲，莲花莲叶何蹁跹！"真是对中国古典诗词绝妙的化用。在杭州一师任教期间，他还把许多唐宋名家的诗词配上曲，在师生间传唱。著名的《浙江第一师范学校校歌》也是李叔同作的曲。出家以后，李叔同依然词曲不离手，或作词，或谱曲，他的《清凉歌五首》，就是一九二九年在温州庆福寺所作。由太虚大师作词、李叔同作曲的《三宝赞》，更是在佛教界经久传唱。

照我个人的欣赏趣味，我更喜欢李叔同的书法，特别是他晚年的书法。我们知道，书家最讲究的就是风格，而风格主要体现在个性和特点上，这就是所谓的"法度"吧。如果书法没有与众不同的个性，也就失去其特有的艺术价值和艺术生命。所以，这本《李叔同诗文遗墨精选》所收的李叔同各个时间的墨迹，体现了他一路走来的书风变革，每个时期有每个时期的风景，可观，可看，可赏，可玩，实在让人爱不释手。

该书用三分之一强的篇幅收李叔同的遗墨百余件以及大量篆刻作品，有隶书、篆书、行书，不少都是他的代表作（其实件件堪称代表），更有他圆寂前给学生刘质平、丰子恺的遗书，以及绝笔“悲欣交集”横幅。从所收的墨迹看，他青年时期致力于临碑，代表作有《游艺》《勇猛精进》等。他出家前的书体，秀丽、挺健而潇洒；他出家后，书体和修行由精进而渐渐变为超逸、淡冶，无法而胜有法。后期之作，愈加明净、平易、安详。而该书所收的篆刻作品，都是成熟之作，气息古厚，冲淡质朴，一印一世界。

《李叔同诗文遗墨精选》还收入他题赠友人的诗词、楹联、偈语。令人称奇的是，这些诗、词、楹、偈的书法艺术，根据获赠者的不同而存在微妙的差异——内容差异，书体差异，而又能做到“隔人通气”（由“隔行通气”演变而来）。以书赠徐耀廷之二条屏和“一法不当情，万缘同镜象”为代表的，是在佛门与俗界交集的形态，蕴籍有味，带一股佛门的感悟，还没有完全脱离俗界的气息；以“身在万物中，心在万物上”，“必有容德乃大，必有忍事乃济”等书法，无论是内容还是法体，是在俗门中，望眼俗界之作，是他书法的最高境界，完全形成了自己的风格。越往后，他的书法越圆润，做到无法而有法，无度而有度，从他书赠刘质平的对联“今日方知心事佛；前身安见我非僧”，到许多联句，如“恕是猛虎欲是深渊”，“无心者公无我者明”等，更是达到了化境，任何的评价都毫无意义。至于他手抄的那些经卷，如《大方广佛华严经净行品偈》，字体的平和匀称，“非俗界所能解也”。正如书法批评家老城先生所说，“或纯粹是禅宗所需要，或完全是玄妙禅宗的云游，抖落了尘世一切欲望与缠绕，忘却了人间的龌龊与辉煌，一双法眼再也不看世间的峥嵘岁月，也不再看那千古都在演绎的悲欢离合……”

20世纪初的中国文艺，公平地说，不应该绕开李叔同。也许有人说他在文艺上没有大成就，但他是中国最早的文艺社团之一“南社”的社员；他早年男扮女装饰演《茶花女》，开中国话剧之先河；在浙江一师时开风气之先，教授美术中的人体课。还有，他对学生如曹聚仁、丰子恺、刘质平、宋云彬等文艺大家的培养、教悔，以及和苏曼殊、陈师曾、马叙伦、柳亚子、胡朴安、叶圣陶、夏丏尊等人的交谊，都有大文章可做。曹聚仁先生对他评价说：“不独他的艺术天才在我们眼前闪光，他的语默行止都感化了我们。”

> 弘一法师一生中，最明白的，最具智慧的，就是他特懂得句话怎样画，在人生的什么地方画，什么时候画，画得圆不圆。在他该专心的时候，及时将才子佳人画了句号；在他失去唯一的长辈亲人的时候，他画上了父母在不远游那古训的句号；在他学成归国后，画上了游学的句号；在他完成了人生能完成的事业，到达他能够到达的顶端的时候，他画上了俗界的句号；在他终成正果的时候而圆寂，让灵魂追随释迦牟尼而去。
>
> ——《一法不当情，万缘同镜象——说不尽的弘一法师》，老城著，《书法》二零零八年第十一期。

老城先生的话我深有同感。其实，一直以来，许多文艺界人士对李叔同都怀着感佩之心，特别是他成为弘一法师后。林语堂就说过，李叔同是我们时代里最有才华的几位天才之一，也是最独特的一个人，最遗世而独立的一个人。张爱玲也曾说：“不要认为我是个高傲的人，我从来不是的，至少，在弘一法师寺院围墙外面转，我是如此的谦卑。”夏丏尊更是极高地评介道：“综师一生，为翩翩之佳公子，为激昂之志士，为多才之艺人，为严肃之教育者，为戒律精严之头陀，而以倾心西极，吉祥善逝。”但不知为什么，我在这些感佩声中总是略略地带着伤感和哀愁，就像听他的《送别》一样。

1942年，弘一法师圆寂一周年后，上海大雄书局印行了一册《弘一法师永怀录》。我手里有一本上海佛学书局二零零五年的重排本，时常拿出来翻翻，读一两页，之后，都会抱着书默想半天。大师的遗偈说：“君子之交，其淡如水。执象而求，咫尺千里。问余何适，廓尔亡言。华枝春满，天心月圆。”悲悯的大师，已经得道成佛！

最后想说的是，“白马湖作家群文丛”这个编辑方针值得提倡，而先期出版的朱自清、夏丏尊、丰子恺、李叔同等四种著作，都是领一时风流之人物的代表之作，值得珍视和收藏。

2004年春月初八草于新浦河南庄掬云居

2008年12月7日电脑录入并修订

# 《中国通俗小说书目》

《中国通俗小说书目》是我国著名学者孙楷第的重要著作，完稿于 1932 年上半年，1933 年正式出版，作家出版社曾于 1957 年重印，1982 年人民文学出版社又出新版。

我国通俗小说，耳熟能详的有多种。所谓“四大名著”“六大名著”，另外熟知的还有“三言”“两拍”，至于《型世言》《品花宝鉴》《三遂平妖传》《桃花影》《灯月缘》《杏花天》《恋情人》《浓情快史》《巫山艳史》等也是其中的佼佼者。

考察我国的通俗小说，历史可上溯到魏晋南北朝时期，那时候就出现了大量的“志怪”小说和记录人物轶闻的“志人”小说。这时候的通俗小说从数量上看是相当可观的，现存的完整与不完整的尚有三十余种，其中以干宝的《搜神记》成就最高。相对来说，志人小说在数量上要少一些，只有刘义庆的《世说新语》流传。到了唐代，通俗小说进一步成熟，有数百篇唐人传奇流传下来，较著名的有《霍小玉传》《任氏传》《李娃传》《柳毅传》《莺莺传》等。

宋元以后，特别是明清两代，我国通俗小说发展进入高峰，创作生产了大批通俗小说，像《西游记》《东游记》《南游记》《北游记》《西洋记》《济公传》《牛郎织女传》《许仙铁树传》等等都是这一时期的产物。另外如《金瓶梅》《镜花缘》《荡寇志》等都产生较大影响。我国的古典通俗小说，一直到李伯元的《官场现形记》、吴趼人的《二十年目睹之怪现状》、刘鹗的《老残游记》、曾朴的《孽海花》之后，才徐徐降下帷幕。《中国通俗小说书目》就是把我国各个时期或现有的或亡佚的通俗小说，以目录的形式简介给广大读者。作者孙楷第在《附记》里约略介绍了成书经过：

> 我这部书所录小说，以旧孔德学校图书馆、旧大连图书馆、已故马隅卿先生、日本内阁文库所藏书为主。其他中外图书馆或私人所藏，本书著录者，或多数种，少只一种。虽有精品，总不如此数处所藏之富。

在《凡例》里又说：

> 本书所收，以语体旧小说为主。凡已佚未见及现存诸书，都凡八百余种。正书七卷，以四部总之；一曰宋元部，二曰明清讲史部，三曰明清小说部甲，四曰明清小说部乙。第四部又分四类：曰烟粉第一，灵怪第二，说公案第三，讽谕第四。其存疑目一卷，日本训译中国小说目录一卷，并附于后。

此外，该书还附有书目索引和著者姓名及别号索引，这两篇索引，为我国古典小说研究者查阅提供了方便。

从事我国古代小说戏曲研究的人没有不知道孙楷第的。张中行所著《负暄续话》（黑龙江人民出版社 1990 年 7 月）里有一篇《孙楷第》，文中说："孙先生是小说戏曲史的专家，研究这些，走的是清朝经学家的路子，用考证的方法，广收材料，于材料的比勘中辨明实相。这方法，这材料，甚至推出的结证，不往里钻的人不会感兴趣。往里钻的人呢，都熟悉孙先生的几部著作，主要有三种小说书目，两种戏曲考和沧州前后集。"又说：

> 译介或推崇成就，称为乾嘉学派的殿军，孙先生可以当之而无愧。……（他）一生喜欢考，考这考那，几乎都取得令人信服的成果。……他研究小说戏曲，大致说，内容是我国文献的后半段，可是文献的前半段，他同样是了如指掌。一次在未名湖畔闲谈，我问他，著作中引用这么多材料，是不是都有卡片。他说有些卡片，但是不多，主要还是靠记，譬如史部，前四史到新旧唐书，他差不多都记得。这使我想到历代的学术界名人，如颜师古、苏东坡、钱牧斋、纪晓岚之流，四部的重要典籍，大致是都能背的。能背来于熟，熟来于勤，勤还有来源，是迷恋，所谓生死以之。在孙先生的身上，我有幸还能见到这样的流风余韵。

从《中国通俗小说书目》序言里，我们即可看出孙楷第先生治学之严谨，从 1933 年该书出版，到 1957 年重印，二十多年里，他一直都在搜集这方面的资料，不断对该书加以补充和完善，如在补充明万历本《金瓶梅词话》附言说："一九三三、三四年间，徐森玉先生、赵万里先生和我在琉璃厂文有阁发现替北平图书馆购买的。"在补充明崇祯刊本《隋史遗文》附言说：

“一九三五年我为北京大学买一黑纸本，缺数页，后来孙蜀丞先生买得一白纸本，系日本人收藏过的，精绝。闻此本今归国立北京图书馆。”

让我们很难相信的是，孙揩第先生一直是在身体不佳的情况下从事学术研究的，在《重订通俗小说书目序》里，作者如是说：

> 一九五五年，我从大连养病回来，作家出版社编辑部将此书初印的样张全部寄给我，要我看看。我此时精神略好些，便从头看起，随看随改。看了一个多月，病又发了，将稿送回。休息了两三个月，又好了些。于是，索回稿重看。
>
> 又用了一个多月的工夫，终将样张全部看完。前后两次看样，书名添了二三十个。书解题后的附录添了七八处。小传改作了几个。对于原本文字，遇有不宜者，亦略加点定。

张中行也在文章中几次讲述他身体的不佳，说他“人清瘦，总是像大病初愈的样子”。而且说他“家道必不是富裕的”。这是1930年左右的印象，此时孙楷第在北京师范大学任助教，到通县师范兼课，这时候，他已经在作《中国通俗小说书目》了。此后，他“清瘦的程度有增无减”。“……五十年代初，他身体情况似乎更下。”说到他家境不富裕，张中行又举一例，“……不知什么困难不能克服，所有的存书，连带书柜，以460元的代价，让中国书店运走了。他的书，我知道，相当多……”近日翻《胡适来往书信选》（中华书局1980年8月），第1187通是孙楷第致胡适的一封信，信中历数了他的病和家境的贫困：

“先生（胡适）对于我的热心与同情，允许给我孩子找事，为我的状况着急，我不能用文学上的形容来向先生表示感激之意……前天看报看到北大中文系学生要为我捐款养病的话……如已捐了，应即退还。……我知道了，又与泽承信说，因病而受人之贻，是以病市也，耻熟甚焉。……我病已过去，惜尚未复元，须静摄。”信是1948年1月15日写的。此时胡适是北京大学校长，孙楷第已经是北大的名教授了。如此一个大学问家，一边要同病魔作斗争，一边还要为家贫而操心，同时还要潜心做学问，难怪张中行感叹说：“我是宁愿洒一些同情之泪的。”（《负暄续话·孙楷第》）孙楷第有一首《有感》，诗曰：

世运何人值半千，数奇亦不怨苍天。
少年往事贫犹忆，老子于今困可怜。
旧稿丛残如敝帚，寒家古物是于毡。
他年与我俱灰烬，偶一思之尚惘然。

诗中，除了“往事贫犹忆”，于今日也“困可怜”。最后只能是“偶一思之尚惘然”了。他在《赠邓之诚文如四首（之四）》里，更以忧伤的笔调写道：

三字贫愚病，一生清狷狂。
来身为士辱，低首事人忙。
行路仍多碍，归根未有方。
诗书真误我，岁暮转凄凉。

现在，当我手捧这部淡黄色封面的《中国通俗小说书目》，徐徐翻之阅之时，心里久久难平。老一辈学者著书问学的精神时时感动着我，他们研究学问的深厚热情与执着追求也激励着我。我真为自己时常心懒手惰而羞愧。中国学问如浩瀚长河，涛似连山，浪花滚雪，江声浩荡，源远流长，需要一代一代的学人不懈追求。但是，我真心希望不应再有“诗书真误我，岁暮转凄凉”的感叹了。

2000年7月8日夜

## 《死水微澜》

一部《骆驼样子》（老舍著），曾被改编成话剧、京剧、电影和电视等多种艺术形式，而且每一种都是成功的。李劼人先生的《死水微澜》同样被多次改编，先有方言话剧，后有川剧，这些成功的范例，都说明这部名著所具有的绚丽的潜能和广博的深度。

长篇小说《死水微澜》最初由上海中华书局1936年7月作为“现代文学丛刊”之一出版的。该书曾于1955年10月经作者修改由作家出版社重版新印。关于这部书的成书经过和重版经过，作者都曾有过较详尽的说明：

> 从一九二五年起，……便起了一个念头，打算把几十年所生活过，所切感过，所体验过，在我看来意义非常重大，当得起历史转折点的这一段生活现象，用几部有连续性的长篇小说，一段一段地把它反映出来。
>
> 直到一九三五年，决计离开重庆一家私营修船厂，回住成都之前，把这计划写信告之当时在上海中华书局编译

所负责的舒新城先生，问他能不能接收出版给稿费，他回信说，可以。我才专力从事于写作。

我那时的计划，是以一九一一年即辛亥年的革命为终点。此之前分为三小段，此之后分为三小段。预先布局出的，是此前的三小段，同时，把名字也拟定了，即《死水微澜》《暴风雨前》《大波》。

——《李劼人选集》第一卷《死水微澜》改本《前记》

一九五四年，忽然接到人民文学出版社（应为作家出版社）来信，很客气，说要重印我写的《大波》，叫我改写。……但一翻原来的作品，我又出汗又脸红。不行，得重写！重写就必须考虑来龙去脉，丢掉前面那一部分，气就贯不下来。我又给出版社去信，说要修改前面两部书，出版社也认可了。我就先重写《大波》。写完了以后，寄给艾芜看。艾芜说可以。我又寄给我儿子看，可我儿子这个外行却说不行，批评得一塌糊涂。后来我考虑一下，觉得儿子的意见对，就去掉重新写成的十几万字的初稿，还是从《死水微澜》起按顺序修改。《死水微澜》由于基础不错，改的只有十分之一，不很费劲。

——《李劼人选集》第五卷《谈创作经验》

我手头的这本《死水微澜》是四川文艺出版社 1987 年 11 月出的“汇校本”，编者在出版说明里说：“《〈死水微澜〉汇校本》所依据的版本为1936 年 7 月作为‘现代文学丛刊，由上海中华书局印行的初版《死水微澜》和 1955 年 10 月经作者修改由作家出版社重版印行的《死水微澜》。”

关于“汇校本”，四川文艺出版社曾牵进一个轰动一时的官司，那是由《〈围城〉汇校本》引起的。《围城》作者钱钟书把四川文艺出版社告上了法庭，此案以钱钟书胜诉而了结。有趣的是，两“汇校本”的责任编辑均为成都藏书家龚明德。

1991 年，四川成都话剧院排演了方言话剧《死水微澜》。编剧和导演均为查丽芳。据说，该剧改编和演出非常成功。剧作家苏叔阳在剧评《撩人心肺的好戏——看四川方言话剧〈死水微澜〉》（《人民日报》1991 年 11 月 6 日）里说：“这戏，流畅、自然、火爆炽烈却又时时插入动人心魄的抒情段落，让人落泪，又让人提神。有点麻辣汤的神韵。”又说，“戏剧的叙述方法与小说不同。查丽芳在改编《死水微澜》时，在如何保持原著情节，尽量增大信息量上一定动了许多脑筋。她把小说的、电影的、中国古典戏曲的叙述方法成功地移植到话剧舞台上，大幅度时空跳跃、组接，尤如电影的‘蒙太奇’语言一样，在短短的演出时间中，行云流水般地展现了原著所展现的时空。好像她的剧本基本上没有删掉原著中所有值得一提的情节和事件，从而保留了原著的基本面貌，让人看戏而可以窥视原书。”

《死水微澜》在成功改编话剧之后，又有人改编同名川剧。川剧《死水微澜》更是创造了由名著改编成戏曲的成功范例。编导充分运用西方戏剧时间的间离，把一个大时代背影下的小人物的情感悲剧，渲染得淋漓尽致。川剧能在中国剧坛崛起，和魏明伦等一批著名编剧密不可分。他们在不长的时间内，向观众奉献了《柳荫记》《秋江》《拉郎配》《山杠爷》《中国公主杜兰朵》《变脸》和《死水微澜》等，而《死水微澜》更是被多篇剧评所论及，被认为是“有较高的文学性”“足够的戏剧性”“显示了戏曲的新意”的代表剧，这恐怕和小说本身所具有的品格密切相关吧。

2000 年 7 月 3 日

# 曹聚仁三章

## 曹聚仁和鲁迅的友谊

曹聚仁曾编过两本关于鲁迅的书，《鲁迅年谱》和《鲁迅评传》。在《中国历代年谱总录》里还记有《鲁迅年谱二卷》，所编者也是出自曹聚仁之手。1967年由香港三育图书文具公司出铅印本，“按”语里说，上卷为年谱，下卷为作品评论及印象记，附鲁迅生平及著述年表。鲁迅去世三十多年，曹氏还念念不忘鲁迅，可见他们之间不同寻常的友谊了。还是在抗日战争时期，有人就对鲁迅在所有的文章里没有骂过曹聚仁而感到吃惊，其实在20世纪30年代初，他们之间的友谊就相当深厚和牢固了。曹聚仁曾对鲁迅说过，如果替你写传记，与其把你写成一个神，不如把你写成一个人。

《鲁迅书信集》里，仅1933年和1934年收录鲁迅致曹聚仁书信就有15封，所谈大部分是创作上的事情，也有谈论书籍和论及人情世故的内容，都是些相知相交的话。如1933年6月18日的那封长信，警世育人的话言犹在耳："现在做人，似乎只能随时随手做点有益于人之事，倘其不能，就做些利己而不损人之事，又不能，则做些损人利己之事，只有损人而不利己的事，我是反对的，如强盗之放火是也。"曹聚仁也在多篇文章里谈到鲁迅或有关鲁迅的文章及其对新文学的贡献。在《胡适与鲁迅》一文里，曹氏就曾情意切切地说："一九二二年，我在上海第一次和陈独秀见面……那时，领导中国新文学运动的，已经是鲁迅的时代，大家在开始批判胡适了。我回看新文学运动的全段历史，陈独秀的影响，不可说是不大，时间可很短。胡适的影响最切实，时间也不怎么长。最长久，而又影响最大的乃鲁迅。"又说："鲁迅在文学上的造诣，比胡适高，对青年的影响比胡适广……他的文字，天然带着浓烈的辛辣味，读来好像吃胡椒辣子，虽涕泪喷嚏全来，却能得一种意想不到的痛快感觉，一种神经久受郁闷麻木之后，由强烈刺激梳爬起来的轻松感觉。"1931年8月，曹聚仁当时主持一本叫《涛声》的周刊，写稿人大都没有什么稿酬，仅赠送杂志。这本杂志从创刊到1933年底停刊，鲁迅就在上面发表不少文章，《蜜蜂与蜜》《守常先生全集题记》《翻印木刻》等。鲁迅不但给《涛声》写稿，还特别关心《涛声》的命运，曾在1933年6月3日对《涛声》进行提示，说，看起来，就是中学毕业生，或大学生，也未必看得懂《涛声》罢，近来的学生，好像"木"的颇多了。到了8月6日，鲁迅又在祝《涛声》创刊两周年专稿中指出，《涛声》上常有赤膊打仗的文章，这脾气和我差不多，并不是幸存的原因……但曹聚仁当时没有意识到这句话的确切含意，坚持到这年底，《涛声》被当局勒令停刊。1934年夏天，曹聚仁和叶圣陶、夏丏尊等7人在《申报》附刊《自由谈》上轮流发表言论，提倡大众语运动。曹聚仁也写信约鲁迅参与讨论，鲁迅在7月29日致曹聚仁信中对大众语提出五点建议，曹聚仁都一一采纳。

他们这种密切的交往，直到鲁迅逝世。

## 人生茫茫路茫茫

“将来长大了，记住我的话：脱下长衫，莫作文人。”这是做了一辈子文人的曹聚仁（1900—1972）写给女儿曹雷的肺腑之言，从这句话里，我们能够深深地体味到曹聚仁无奈和悲哀的心境。他说，他一生是孤独的，他最不爱写文章，但他不得不靠卖文以为活。他从来与世无争，处处让人，不幸却落在最爱相轻相妒的文人圈子里。

在20世纪二三十年代新文学运动逶迤的人文长城中，曹聚仁是最不能让人释怀的一个，他也许称不上大师，但他绝对称得上大家。他的一生是操劳的一生。他写文著书，多是报章文字。他不是不愿潜心学问，实在是因为糊口养家才终日笔不离手耕耘不止的，特别是他的后半生。曹雷在《父亲的文稿》里说，（他）每天写稿不断，写下了千万字的文章，大多发表在海外报刊上。

新中国成立后，曹聚仁在香港生活了二十多年，在这二十多年里，无论是生存环境还是在心灵上，先生都是在不停地奔波。他居无定所，稿酬所得大都付了房租和用于生活，就连写作用的稿纸，也都是一些公司废弃的表格用纸，他论斤地称来，在反面写文章。他去世以后，家人在整理他的遗物时，从他最后几年租住的那间小屋里，竟发现他没有分文财产，只有一捆捆发霉的手稿和大叠大叠的剪报。

现在，我们能读到曹氏许多文章的选本，而这实际上只是他4000万字作品的一小部分。他生前曾在海外出版《采访三记》《北行小语》《人事新语》《万里记行》《浮过了生命海》等，但这些集子大都印数有限，能找到已经很不容易了。在他去世以后，经他家人整理，先后出版了《我与我的世界》《曹聚仁论杜诗及其它》等，另外百花文艺出版社还选编了《曹聚仁散文选集》和《曹聚仁书话》等。在《曹聚仁散文选集》的序论里，编者较详细地分析了曹氏的人文风范和文章得失："他的文字流畅自然，合乎口语，毫不拗口，他治学以史学为主，他于当代文坛掌故，尤为熟悉，他不仅目睹现代文坛变迁，还亲历其境。他的历史知识十分广博，阅历也多，写入文中，随手微引，叫人叹服。他的文字有历史的识见，有小品文的趣味，还有说部的淋漓尽致。"又说，"跟曹氏同辈的文人中，文字有他那么流畅的并不多，辈份比他低的人就更少了，到了现在几乎已成了绝响了。看他的文章，可以想见他是一笔写下，不必修饰的。他的文风，不同于鲁迅的辛辣，不同于周作人的古拙，也不同于丰子恺的温厚，与三家之外，别树一帜。无论文才或文采，都不差上下，同为不可多得的文家。"这段文字，无疑是对他一生的最准确的褒奖，也基本说明他在中国现代文坛的地位。

曹氏一生经历坎坷，命运多变，不想卷入是非漩涡，却惹下许多是是非非。夏衍曾在《怀曹聚仁》的文章里说他两边不得好，写《南来篇》"右派"骂他，写《门外谈兵》又挨左派的骂。但他的确在海外侨报上说了许多新中国的好话。他基本上是倾向于进步和革命的。夏公简约的文字比较公允地写出曹先生的大节和某些弱点，实在是知人之论。从我们已知的有关曹氏的文章中，知道他曾一度热心海峡两岸的和解，促进祖国的和平统一。他还曾在香港新闻界奔波，力促晚年周作人的《知堂回忆录》在香港报纸上连载。但有两件事情，的确让我们产生嗟叹之情。一次是在1956年夏天，曹聚仁北行采风，顺访《人民日报》，却在门外遭到拒绝，只留下他新出版的几本书。我们可以想见他从《人民日报》大门外离开时心情是何等的凄凉、落寞而怅惘。还有一次是在1958年仲秋，在南京下关的火车站，只和老母相见八分钟就匆匆离去，实在让人感怀不已。事务缠身的曹氏，操劳得却要老母在站台上苦苦相候，让人禁不住潸然泪下。他曾诗记了这次难忘的相见：

迷茫夜色出长栏，白发慈亲相对看。
话绪开端环如茧，泪澜初溢急于洒。
抚肩小语问肥瘦，捻袖轻呼计暖寒。
长笛一声车去也，四百八秒历辛酸。

在曹先生72年的人生历程中，在他对坎坷世界的那份体尝中，也确如长笛一声车去也的无奈。1993年，南京大学出版社出版了《曹聚仁传》，以26万字的文字详尽地记述了曹先生集作家、教授、记者于一身的曲折而平凡的一生。

## 曹聚仁的戏剧情结

在50余年的创作生涯中，曹聚仁在文学和史学方面成就卓著，广为人知，但却很少有人知道他是一个戏迷，并创作数量可观的剧评。曹聚仁的女儿曹雷在《父亲的梦》中说：“五十年代后期，他有机会多次回大陆，走访各地……看了赣剧、川剧、黄梅戏、吕剧、江淮戏、越剧、奥剧……看了旧形式新题材，也看到了新形式旧题材。”此时曹聚仁单身一人离开上海的家，在香港以写作为业。20世纪五六十年代，他多次来大陆走访、看戏，并写作观感和剧评，此后，这些文章大部分编在《人事新语》一书中。

早在20世纪30年代，曹禺的名剧《雷雨》一经问世，他就在《悲哀的表现》里说：“《雷雨》的结尾，四凤和冲都触电死了。鲁侍萍一声不响地立着，如石膏人像。老仆对她说：‘老太太，您别发呆！这不成，您得哭，您得好好哭一场。’鲁侍萍说：‘我哭不出来了！’老仆说：‘这是天意，没有法子。——可是你自己得哭。’鲁侍萍：‘不，我想静一静。’一位朋友看了这剧本，问我：‘鲁侍萍为什么哭不出来？’我就说：‘这是悲哀的表现，‘悲哀’和‘快乐’到了极端，都只有‘发呆’。”曹聚仁的剧评大都是这样，廖廖几笔，十分切中。在《湖上杂忆》里写到《白蛇传》，他说：“最精彩的一段，乃是白、青二姐妹从金山寺斗法回来，白素贞抬头一看，对青妹说：‘这不是断桥吗？’这一声凄厉的叹息，响彻了观众的耳边。不问到没到过西湖，断桥的印象总是很深的。”

曹聚仁的剧评，读来甘甜爽口，实际上是用散文随笔的笔法。曹雷在回忆父亲的文章里说：“我在戏剧学校毕业剧目《桃花扇》中饰演李香君。……我写信告诉父亲，他激动不已。给我寄来了《板桥杂论》及孔尚任曲本，还写几段《读曲微言》。他对我说：‘《桃花扇》乃是我四十年前第一回所读之曲本，恰在武昌碰上兵变，仿佛柳敬亭之投辕；十多年前，我又在秦淮河畔，经历了南朝新事。一天下午，G氏访我于旅次，我反复陈词，说到福王的覆辙，殷鉴不远，谓内战不可不早日停止，终无以改变当局的意向。’”这里，曹氏又把戏剧和历史联系起来和现实进行对比，忧国忧民之心跃然纸上。夏衍曾在《怀曹聚仁》里感叹说：“在香港那样复杂的环境中，他能三十多年不改其志地坚持爱国，是不容易的事。”

其实，曹氏不光是戏迷，他还一度有想当演员的梦想，并且还真的排演过抗战剧《牯岭鬼屋》；20世纪30年代的《大公报》上，还记载过他如何导演熊佛西编剧的《一片爱国心》，由暨南大学教职员在安亭演出。20世纪60年代末期，他面对病魔的威胁，拖着虚弱的身体，终于把几十年来对中国戏剧研究的点点滴滴，汇总起来，写下了二十多万字的述评，并配上他苦心搜集的剧照、资料共2000多幅集成一部大书《现代中国剧曲艺集成》。曹氏的作品数量惊人，但在他生前编辑成书的不足他总字数的十分之一，在他生命晚年却拼力完成这部大著，可见他对戏剧是何等的钟爱。

1998年12月15日初稿

2000年5月9日改毕

# 天才与环境

《天才与环境——黎烈文艺文谈片》，作为“海外学者文丛”之一，由学林出版社印行。关于黎烈文，我早就从鲁迅的文章里略有了解，后来，又不知在一本什么书上，看到这样一篇文章，大致的意思是，新时期刚开始时，某部门牵头召开一个关于新闻方面的座谈会，重点讨论报纸的改革。某君在发言时，提到了早被人们忘却的黎烈文先生，说他是这方面的专家，应该让他来谈谈。坐在某君身边的也是一位老先生，拉一下某君的衣角，悄悄说，黎烈文已经去逝了。从这件小事上，可以看出，黎烈文在老一代报人心中的位置。黎烈文早年编《申报·自由谈》，大胆革新，团结了许多左翼文人，和鲁迅亦交往颇深，鲁迅晚年的大部分杂文都发表在《自由谈》上。鲁迅在《花边文学》序言里说：“我的常常写些短评，确是从投稿于《申报》的《自由谈》上开头的；集一九三三年之所作，就有了《伪自由书》和《准风月谈》两本。后来编者黎烈文先生真被挤轧得苦，到第二年，终于被挤出了……”黎烈文被迫辞职以后，杨杏佛被暗杀，丁玲被逮捕，可见当时形势的紧张和险恶。

黎烈文离开报馆以后，大约是在1936年下半年，自己又办了一份半月刊，叫《中流》，还出版译著《冰岛渔夫》；“八一三”之后，和巴金一起编了几期《呐喊》，就举家逃到湖南，后去了福建等地；抗日战争结束以后，应朋友之邀，去台北办报纸，做了报馆的二三把手，不久，便丢了官，到台湾大学教书。据《天才与环境》一书的编者在卷首语里说，他在这段时间里并不受重视，“于教书之余仍从事写作和翻译”。

《天才与环境》一书，薄薄的一小册，分两部，第一部曰“艺文谈片”，第二部曰“作品与作家”，黎烈文在谈到这些文章时，曾这样介绍：“第一部分收的是比较轻松的谈论文学家和艺术家的小文，第二部分收的是一些比较严肃的评介作家与作品的论著及序言之类。这些东西都可以说是我许多年来从事翻译工作的副产品。”这本书中，涉及的外国作家艺术家很多，有都德、福洛贝尔（即福楼拜）、伏尔泰、罗丹、巴尔扎克、屠格涅夫、匹克威克、歌德、小仲马、贝多芬、罗狄、缪利洛、梅里美、但丁、乔治桑、莫泊桑等数十人，此外还谈到法国文坛著名的“五人晚餐”。当年，在法国居住大半辈子的屠格涅夫，深受法国作家的喜欢和爱戴，他和福洛贝尔、左拉、龚古尔、都德四人过从甚密，互相欣赏，他们常在巴黎的蒙梭公园附近和福洛贝尔的寓所举行餐会，从来不邀请别人加入，就连福洛贝尔的入室弟子、晚他们一辈的作家莫泊桑都无法挤入，另有一位跟五位文学大师都很要好的出版家吉拉丹一心想插身进去，也被他们拒绝，因此“五人晚餐”的名气在当时的巴黎影响很大。我们可以想像一下，当白发飘飘的屠格涅夫周围，坐着听他徐徐而谈的都是法兰西第一流的作家时，其场面是何等动人和富有诗意啊！黎烈文还在另一篇《福洛贝尔的沙龙》里，带着羡慕的口气，描写了出入于福洛贝尔沙龙的诸多法国文士，说龚古尔“带着一种高贵而骄傲的特征”，说都德“带来了巴黎的空气，那活生生的、喜欢逸乐的、动荡而又快活的巴黎的空气”，说屠格涅夫的声音“使他所说的事物具有一种魅力”，说左拉“黑而近视的眼光，深刻、锐敏、含着微笑、时常带有讽刺的表情”，说福洛贝尔“用一句明显而深刻的话结束一番争论，他的思想一跃便经历了若干世纪”。从黎烈文的文字里，让我们切近地体味了世界最高规模的文学沙龙的气息，但是，黎烈文自己却一生坎坷，1972 年 11 月，悄然病逝于台北，“晚年寂寞，丧仪冷冷清清”。

由于历史原因，黎烈文的头上一直有一顶“反动文人”的帽子，包括好几版《鲁迅全集》里的注释都是如此，不过，2005 年最新一版的《鲁迅全集》里，已经客观地称他是翻译家了（其实，黎氏还是一位编辑家和作家，1930 年代年就出版过散文集《崇高的母爱》）。早在 1980 年 5 月，巴金先生写作《随想录》时，就写过一篇《怀念烈文》，对黎烈文的“反动文人”的定位进行否定，并深情地说，“好久，好久，我就想写一篇文章替一位在清贫中默默死去的朋友揩掉溅在他身上的污泥。”“我不能不想起那位在遥远地方死去的亡友。我没有向他的遗体告别，但是他的言行深深地印在我的心上。埋头写作，不求闻达……”多年以后，当我轻翻黎烈文先生这本小书时，我在想，如果有机会让他施展他的编辑才华，那会是一种怎样的情形呢？他还能发表那么多鲁迅（或鲁迅式）的杂文吗？

2006 年夏于新浦

# 《郊叟曝言》

北大名教授周一良老先生，出生于上海滩豪门望族，曾祖父周馥、祖父周学海都是近代中国著名实业家，其家业“富可敌国”；其父周叔弢不仅是大儒商，还是著名藏书家，在近代中国藏书界有其一席之地。对于父亲的藏书，周一良在自传中写道：“父亲藏书丰富，有不少善本，又喜欢搜集文物字画等等。这种嗜好与修养，使子女无形中耳濡目染，提高了文化素质。”关于周叔弢买书藏书的故事很多，宋路霞女士在《龙门风雨——周馥家庭商海沉浮记》（学林出版社，2004 年 1 月）里多有记载，难能可贵的是，周叔弢在新中国成立后，把自己经年所藏，分几批全部捐献给国家：

> 1949 年周叔弢将花重金购买的宋版《经典释文》第七卷捐赠故宫博物院，使故宫的缺卷之书合成完璧；1950 年，为振兴教育，他将家祠“孝友堂”中珍藏的三百八十余箱共计六万余册书籍，以及明刻本《南藏》，捐献给了南开大

学；将“孝友堂”及其所在周围的土地亦一并捐献给了国家；1951年他将精心收藏的两卷《永乐大典》捐献给了北京图书馆；1952年他又将其藏书中的至精部分，即宋、元、明代的刻本，以及校本、抄本和稿本共计七百十五部，共二千六百七十二册，全部捐献给国家，入藏北京图书馆善本室；1954年以后，他逐一将其清代藏本及其他图书作一整理，又向南开大学捐书三千五百余册；1955年他将清代版本的古籍三千一百余种，共计二万二千六百余册捐入天津图书馆。从1952年至1961年，又分三批，将他珍藏的历代法书和绘画珍品捐献给天津文化局；1953年他又将吴平斋（吴云，晚清苏州大收藏家）旧藏的“二百兰亭斋”的全部印谱捐赠给故宫博物院。

……二十世纪八十年代初，弢老已近九十高龄，他再次亲自检视藏品，其中善本一千八百余种、九千一百九十六册，各类文物一千二百六十二件，其中有敦煌卷子二百五十余卷，清代铜、泥、木三种活字印刷的版本书七百余部，战国、秦汉古印九百余方，还有一大批隋唐时期的佛经写本，均为难得一见之精品。这是弢老的最后一批收藏品，现存于天津图书馆和天津艺术博物馆。

周一良先生成长、生活在这样的家庭氛围里，理所当然受到了良好的教育，尤其在“旧学”方面，更是得到了多名“名师”的指点。他的老师都是大名鼎鼎的旧学“精英”，如做过溥仪南书房行走的温肃（字毅夫），河北诗人张玉裁、大学问家唐南等，都是“学富五车”的饱学之士。特别是唐南，在周家家馆任教之余，“还给天津《商报》办学术性的副刊，内容涉及经学、小学、诸子、金石、校勘及诗词等，稿件全由他一人包了，当时就得到吴世昌先生的盛赞：‘当今学人中，博极群书者有四个人：梁任公、陈寅恪、一个是你、一个是我！’从这个家庭教师的名单中，就可知周叔弢在儿子教育上的投资和苦心了。”

周一良先生和他的老师唐南一样，天生就是“读书种子”，他在自家家馆几乎读过所有“旧学”经典，“直到1930年才进入新学，跳越了小学、中学、大学，径直考取燕京大学国文专修科的研究生，后进入陈寅恪、傅斯年主持的史语系，又去哈佛留学七年，获博士学位”。回国后，一直在北京大学历史系任教。数十年间，他写作了大量的学术专著，如《世界通史》（中古部分），《亚洲古代各国史》《魏晋南北朝史论集》等多种，1998年，他还出版了五卷本的《周一良集》（辽宁教育出版社）。而《郊叟曝言》所收文章，是周一良先生1997年患帕金森症以后“继之双腿先后骨折、卧床数月，加以左脑腔隙性梗塞，以致右手不能写字，一切口授，由他同志笔录的文章”。（《郊叟曝言·前言》）

《郊叟曝言》是作为“名家心语丛书”第一辑之一种，由新世界出版社于2001年9月出版的。该“丛书”另四种分别是《千禧文存》（季羡林自选集）、《三论一谈》（何滋全、郭良玉伉俪自选集）、《晚晴集》（侯仁之九十年代自选集）、《文化古今谈》（金开诚随笔新作）。季羡林在“名家心语丛书”序里，约略说明了该“丛书”的出版经过：“拙著《千禧文存》问世后，蒙读者垂青，销路广通。具有出版工作‘特异功能’的周奎杰女士和张士林先生，慧眼如炬，看出了读者是欢迎这一类文章的。于是别出心裁，以拙作为滥觞，扩大作者范围，编成了一套丛书，名之曰《名家心语》。”顾名思义，“名家心语”就是名家的内心话语。周一良的“内心话语”就是“曝言”了。在出版是书时，老先生已经八十八岁高龄，是真正的“老名家”。关于书名的“郊叟”一词，周先生在“前言”里作了解释：“上世纪70年代中期，社会上给了我一个代号——某教授。其谐音为牟郊叟。既然久居西郊，称为郊叟亦无不可。从此家人包括老伴和孩子们都以此见称。我也刻了一枚郊叟的图章。代号的谐音成了我的别号。”

《郊叟曝言》所收的文章，以怀人和序跋为主，是心里的真话。文章多为短文，体现了周先生一贯的文风，灵动、传神，也不失幽默。《纪念丁声树先生》《纪念邓先生》《悼念王岷源同志》等文，情真意切地叙述了同辈学人的人文思想和学术成果，说“邓广铭是二十世纪海内外宋史第一人”。说“他在史才、史学、史识这三方面都是很有特长的。他的考证是很精确的”。这样的评价非常中肯，也很负责任。

《郊叟曝言》里的序跋文，占全书近一半的比例，《〈自庄严堪善本书影〉后记》是关于周叔弢藏书捐献的记述，其他序跋文也都凸现出作者的思想和趣味，并透露一些鲜为人知的名人趣事。这些文章，大都由他口授，经学生笔录而成的。有趣的是，书中还收一篇用日文写作的、发表于1973年25号《北京周报》上的《回顾在日本逗留的一个月》，另有他注释的《大方先生联语集》。这位大方先生，集中也有一文，曰《〈大方联语辑存〉前言》，“联圣大方先生名尔谦（1872—1936），字地山，一字无隅，别号大方”。周先生对他的评价是：“文酒风流，声色追逐，其一生为典型的旧式文人。”《大方先生联语集》里，有许多联语都是关于周家的，计有数十条之多，如《赠弢翁三十岁生日寿对》，云：

生日似荷花，六月杯盘盛瓜果；

宗风接莬圃，三郎沉醉在图书。

另有赠周一良：

> 生小便能通鸟篆；闲来每与说龟藏。

周一良自注：

> 我童年在家塾中学写篆书，临摹泰山二十九字、汉碑篆额等，对钟鼎甲骨文字，也很有兴趣。还曾到大方先生家里，摹写他所藏的甲骨文字。大方先生赠我一联：“生小便能通鸟篆；闲来每与说龟藏。”是长辈对后辈加以鼓励的口气，借用《龟藏》书名指甲骨文，与鸟篆相对也工稳。但当时有人看了说：“小便能通四字相连，未免不雅”。大方先生说：“那我就给你改写一下吧”。于是改为“生小善书通鸟篆；闲来考古说龟藏”。这样一改，严肃而死板，情感和风趣都远不如原来了。我后来还是裱了第一副，而我的篆书始终没练好，甲骨之学更未入门就放弃了。及今思之，有愧前辈厚望。可惜此联存南京成贤街史语所宿舍中毁于战火。

关于“联圣”大方先生，周先生对他大约颇有感情。周先生不但注释他的“联语集”，还在《郊叟曝言》的《附录》里，收《风月画报》和《北洋画报》关于大方的文章6篇，内容涉及大方的“新联”“近作”的相关新闻和他逝世后亲友的挽联等。可见周先生对这位名士还是非常怀念的。

读《郊叟曝言》，能让我们更切近地了解这位名教授的人生趣味和思想追求，以及心随学术的晚年生活。

在《郊叟曝言》之前，周一良先生另有一本引起学界关注的自传兼带回忆师友的集子，名《毕竟是书生》，书中“详叙了他的身世、求学过程以及解放后历次政治运动中，尤其是十年浩劫中的种种遭遇，文笔轻巧秀丽，如一位极具幽默感的历史老人，对人间是非如数家珍般地清点……”如果将两书对照来读，则更能清晰地读出他硬骨书生的形象，由此生发出对老一辈知识分子的敬意之情。

（文中未标明出处的引文，均引自宋路霞的《龙门风雨——周馥家庭商海沉浮记》一文）

2005年9月21日连云港河南庄

# 汪曾祺三题

## 汪曾祺和花果山

汪曾祺有三种文字和连云港有关：散文、诗、联。

散文叫《人间幻境花果山》。

一联云："满纸荒唐西游记；太虚幻境花果山。"

一诗曰："刻舟胶柱真多事，传说何妨姑妄言。满纸荒唐《西游记》，人间幻境花果山。"

联和诗都没有单独发表过，作为散文内容的一部分，写进了《人间幻境花果山》一文里，在《连云港文学》1984 年第一期上发表。

汪曾祺游览花果山，诗、文、联并举，在他的文事活动中，并不多见。汪曾祺在新时期文坛大红大紫后，受到许多地方文联或杂志社的邀请，这家请，那家带，不是给文学爱好者讲学，就是参加笔会。在讲学和笔会的同时，都会游览当地的风景名胜，大都有文字留下来，有的是散文，有的是诗，也有时诗、文并举。这次连云港之行，三种文体都有，可见他对花果山印象之深。

那么他是因何到连云港的呢？

原因很简单，1983 年 11 月 26 日，他应徐州市文联的邀请，到徐州讲学。徐州市文联能邀请汪曾祺，可能和赵本夫有关。汪曾祺和赵本夫同获某一年的全国优秀短篇小说奖，二人一见如故，据说赵本夫还拜了汪曾祺为师。赵本夫其时是徐州市文联的领导，邀请其老师到徐州露露脸，架架势，也在情理之中。汪曾祺在徐州的活动很密集，又是讲学，又是游览，还和作者座谈。活动结束后，不知是早有安排，还是他个人提出，于本月 29 日早上乘火车转道连云港，来看看充满神秘与童话色彩的东部山海风光。

连云港和徐州虽然同属苏北地区，但文化差异极大。徐州更接近中原文化，而连云港属于“三不沾”：往西，和西部的中原文化相差甚远；往北，和北部的齐鲁文化挨不上边；往南，和南部的吴越文化更不搭界。但三地文化又或多或少地对连云港有所影响，有所熏陶。连云港靠山临海，独特的气候流变，让连云港的山海风光和别处不大一样，三天两头“云山雾罩”，南北植物汇集云台山互生互长，就连海水，也出现一种只有连云港海域才会出现的“火星潮”——明亮的月光下，蓝色的浪花鳞片一样，拍打在礁石上，“火焰”四溅，十分迷人。汪曾祺的家乡高邮，同属大苏北，大约早就听说过花果山的神奇，虽相隔不远，却一直没有机会来游玩，这次连云港之行，大约是有所期待了。

1983 年 11 月 29 日下午，汪曾祺不顾舟车劳顿，给连云港作者讲了一堂生动的文学课，题目叫“谈谈小说创作”，演讲地点在连云港市教育局大会议室。那时的市教育局在解放路上，和汪曾祺入住的同在解放路上的市“一招”相距很近，步行也就几分钟的时间。据当时听课人讲，汪曾祺六十刚出头的样子，戴一顶鸭舌帽，穿一件短呢大衣，精气神非常好，听众不少，不仅有来自县区的业余作者，还有教育局机关的文学爱好者。主持这次演讲的是时任《连云港文学》的主编姜威。姜威是民间文学家，对连云港地方民间传说和民俗风情十分精通，写下多篇关于花果山、吴承恩和《西游记》的民间故事，还出版过这方面的专著。多年后，姜威在散文《与名家的亲密接触》里，这样描写了汪曾祺当时讲课的形态：“眉飞色舞，声调铿锵，时而起，时而坐，身姿、手势与讲述的内容密切配合，把小说创作之道讲了个酣畅淋漓。”大约是汪曾祺演讲结束后，姜威把第二天游览花果山的行程告诉了汪曾祺。晚上，在连云港市政府第一招待所的房间里，汪曾祺就信笔做诗一首，便是上述所引的那首“刻舟胶柱真多事”，写罢，意犹未尽，又做联一副：“西游记满纸荒唐；花果山千秋梦幻。”这才安心入睡。谁知，第二天游览花果山时，受花果山美丽景色和神奇传说的启示，又改联曰：“满纸荒唐西游记；太虚幻境花果山。”

这么说来，汪曾祺写作的和连云港有关的文字应该四种了，一诗，一文，二副联。

到连云港旅游，上山下海是必须的两个项目。1983 年 11 月 30 日上午，汪曾祺在姜威等人的陪同下，游览了花果山。花果山是中云台山脉的一部分，山势险峻，怪石嶙峋，古木参天，藤草密布，泉水潺潺，溪流淙淙，各种稀奇古怪的传说很多，其中许多传说都被吴承恩写进了《西游记》，当然，也有些传说是根据《西游记》演绎而来的。姜威是这方面的专家，由他陪汪曾祺游花果山太对了，一路上，少不了对汪曾祺讲了花果山的传说。花果山三元宫附近有两棵美人松，有了数百年的历史，几百年来，苏北、鲁南一代的香客到三元宫烧香，都要到美人松下朝拜，但八十年代初却突然死掉了，就有了新传说，说是被庙里的和尚搂的。另外，三元宫山门前的拐仗柏，传说是太白金星手里的拐杖，当年孙悟空大闹天宫时把它偷了来。后来孙悟空保驾唐僧去西天取经，太白金星也没有要回去，就留在山门前看山护院了。山腰下的九龙桥，是九涧汇集处，当年龙王的九个儿子就是在这里分家的。当然还有“水帘洞”“八戒石”等传说了。汪曾祺对这些传说都很感兴趣，觉得吴承恩写《西游记》受此启发应该无错。

游览一天的汪曾祺回到市区后，仍不觉得累，本来准备回“一招”吃饭，但姜威热情邀请他去家里便宴，汪曾祺爽快答应了。在“一招”附近的路边菜摊上，看到有卖狗肉的，奇香无比。汪曾祺说晚上什么都不要，就这个好。姜威便“切上二斤”，晚餐就是就着狗肉喝酒的。汪曾祺边喝边吃边夸狗肉好，比北京的好。原来，连云港的狗肉和别外的做法不太一样，俗称“狗肉冻子”，是煮熟的狗肉撕碎，放在各种调料调好的狗肉汤里，再煮透后，冷冻在一个盆里，狗肉汤呈果冻状，汤里夹裹着狗肉，吃起来筋拽拽的。几杯酒下肚，姜威趁兴请教文学。“汪先生话匣大开，谈小说，谈散文，谈小品，谈取材，谈构思，谈语言，谈风格，结合他的创作实践，‘观点’与‘论据’随心涌出，洗耳恭听后多有启蒙。”（姜威《与名家的亲密接触》）也是在这次家宴上，姜威向汪曾祺约稿，汪曾祺爽快答应了。

回京以后，汪曾祺于1983年12月12日，写成了散文《人间幻境花果山》，还把在连云港就写好的那首诗，抄成一小条幅，一起寄给了姜威。作为《连云港文学》主编的姜威，立即把这篇散文编发在次年第一期上。这篇散文，在汪曾祺的诸多散文中，算不上出类拔萃，但仍是汪氏风格，在对花果山的来历做一个简单的叙述后，开始描写这次登山看到的风景：“银杏的树龄多在千年以上，老干婆娑，饶有古意。银杏虽然结果，但大家都不拿它当果树看，所谓果，通常指的是水果。然而，从前山上的花果是颇多的。崔应阶云此山，多古木，杂植花树，殆以万计，实为大观。吴承恩如果上过云台山，他虽然不一定看到《西游记》里所写的‘瑶草奇花不射，青松翠柏长春。仙桃常结果，修竹每留云’的景象，但和今天肯定是很不一样的。”在说到花果山著名的景点水帘洞时，汪曾祺说得更为详细：“水帘洞的洞口作‘人’字形，像一间屋。旧记，‘洞中石泉极浅小，冬夏不竭，泉甚甘美’，这口泉今犹可见。这样高的山洞里有泉水，倒是很新鲜的极易让人产生美丽而久远的联想。”可能是听说有人怀疑过花果山水帘洞吧，汪曾祺有代为水帘洞证明的口气考证道：“水帘洞倒是在吴承恩写《西游记》之前就已经有了，并非有了《西游记》而附会出来的。明朝人顾乾《云台三十六景》里的一景是‘神泉普润’，记云，三元殿东上一里许有水帘洞，刺史王同题曰：高山流水。又题曰：神泉普润。王同石刻今尤在。”

汪曾祺的这次连云港讲学和花果山游览，还催生了陪同者的两篇文章，时任《大风》编辑的董尧和时任《连云港文学》主编的姜威，分别写了《云台遐想——陪作家汪曾祺登览港城名山》和《汪曾祺作客寒舍》。姜威的文章发表较晚，直到1997年1月8日，才发表在《连云港日报》上。当然，姜威后来还写了《与名家的亲密接触》一文，也算是汪曾祺登临花果山的后续吧。在花果山九龙桥上，汪曾祺和姜威、董尧有一张合影，汪曾祺居前，穿一件“人”字短呢大衣，戴鸭舌帽，目光前视，挺精神。不知为什么，我感觉这件短大衣有些不合身，衣袖肥大，式样过时。

汪曾祺来连云港，一时成为港城文艺界传诵的佳话。许多名山大川都因名人而更有名，连云港人要是把汪曾祺关于花果山的诗、联、散文刻石在这座仙山上，也许会给花果山增色不少吧。

**补记**

2016年7月8日至12日，江苏省第六届书展在扬州举行，北京鸿儒文轩制作、王干主编、广陵书社出版的“回望汪曾祺”一套五种图书参展，出版方邀请这套丛书的部分作者参加首发式，我作为丛书策划者也受到邀请。8日报到的晚上，我在扬州会议中心的某间客房里，见到了汪朗。我和汪朗早就是熟人，在这种场合，必然会聊汪曾祺。说到老爷子身后的作品出版热时，汪朗的眼睛有些潮湿，说，这种现象确实奇怪，说跟他同时代的、名气当年比他还响的作家，现在基本在书市上消失了。其实，这种现象并不奇怪，有的作家身前很热闹，有的作家死后才热闹。全国有这么多“汪迷”，并不是偶然的（这段补记暂不讨论）。又因我提到老爷子当年的连云港之行，汪朗又说到许多家事。和这篇短文有关的是，当年汪曾祺来连云港时穿的那件呢料短大衣，是汪夫人托人从西藏买来的，料子不算顶好，厚，压风。汪朗说，这块料子做一件长大衣有些浪费，只好做两件短的。父子俩一人一件，衣服是在新街口一家二级裁缝店做的，是汪朗排队取得号，然后在约定时间里，父子俩又去量体裁衣，等了不少天才拿到大衣。汪曾祺这次苏北徐州、连云港之行，就穿上这件新做的“厚、压风”

的短大衣出行了。汪朗也说到裁缝店的水平不怎么样，衣服也就勉强能穿罢了。难怪我从照片上都能看出汪曾祺新大衣有些不合身了。

## 西南联大时期的朱自清和汪曾祺

朱自清在西南联大的学生很多，取得大成就的学生也很多，但汪曾祺这个学生却有些特别，一是汪曾祺和朱自清算得上同乡，二是汪曾祺在联大没拿到毕业文凭，三是汪曾祺在文学创作上取得的成就重大，横跨中国现、当代文学史，评论家称他为“被遮蔽的大师”。（见王干《被遮蔽的大师》一文）

汪曾祺家乡在江苏高邮。高邮在历史上一直属于“扬州地”。因抗战暴发，汪曾祺在江阴高中未毕业，成为流亡学生，于1939年夏，从上海乘船，经越南，历经艰难到达昆明。其时，西南联合大学和多所国立大学统一招生，报名日期为7月25日至30日。汪曾祺的第一志愿就是西南联合大学。他在投考的时候，沈从文已经被聘为副教授。汪曾祺在1988年写作的《自报家门》里说：“不能说我在投考自愿书上填了西南联大中国文学系是冲着沈从文去的，我当时有点恍恍惚惚，缺乏任何强烈的志愿。但是‘沈从文’是对我很有吸引力的，我在填表前是想到过。”汪曾祺读初中时，作文都是“甲上”，这是最高评分了。在读高中时，就爱读小说，也是在《自报家门》里，说他在读高二时，随家人在一个小庵躲避战火，“只带了两本书，一本《沈从文小说选》，一本屠格涅夫的《猎人笔记》。说得夸张一点，可以说这两本书定了我的终身。这使我对文学形成比较稳定的兴趣，并且对我的风格产生深远的影响。我父亲看了沈从文的小说，说：‘小说也是可以这样写的？’”也许就是这时候，汪曾祺开始立志写作，从后来他的“小说是不像小说”的风格看，早就是受了沈从文的影响，对沈从文推崇倍至。所以，他在填报第一志愿时，想到沈从文，完全在情理当中。就像我在几年前，去清华大学寻访朱自清、俞平伯的踪迹，一进清华突然想到，哦，著名小说家格非是清华的教授。汪曾祺想到沈从文而没有想到别的教授，比如也是新文学诗人、作家、资格比沈从文更老的朱自清，完全是个人性情决定的。这次考试，对汪曾祺来说，也有点惊心动魄，因为考试前他还在医院打针，是拔了针就去考场的。8 月 13 日，朱自清等教授阅评本年度中文系入学考试试卷，汪曾祺各科成绩不错，被西南联大录取，公布结果时，汪曾祺排第四名。这算得上是朱自清和汪曾祺的第一次间接接触。

这时候，朱自清是中文系主任，兼师范学院国文系主任，1939 年 8 月 4 日还当选为 1939 年度教授会书记。他主持系政十分繁忙，还要给暑期文艺讲习班授课，多次和杨振声、沈从文商定教科书第一、二、三、四等册的目录，出席清华聘任委员会会议和评议会会议等各种大小会议，拜访、接待梅贻琦、茅盾、曹禺等文化名人，如 8 月 31 这天就接连拜访了王力夫妇和梁思成夫妇，又接待顾颉刚等人的来访。此外，他个人还要写作、写信、备课、做研究，可谓日里万机。

1939 年度第一学期开学是在 10 月 2 日，4 日上午，汪曾祺在西南联大新校舍参加了始业式及精神总动员。

本学期，朱自清开设的课程是“大一国文”两种（一、二），还有“国文作文”等课。“大一国文”是和沈从文合开的，该课是一年级的必修课，分“读本”和“作文”两部分。汪曾祺在《晚翠园曲会》里说：“‘大一国文’课的另一个特点是教课文和教作文的是两个人。教课文的是教授，教作文的是讲师、教员、助教。……我的作文课是陶重华先生教的。”“大一国文”这本教材，对汪曾祺影响很大，而这本书的选编者，是由杨振声主持的“大一国文委员会”主导选编的，朱自清、罗常培等参与，收白话文学作品十三篇，有鲁迅的《狂人日记》《示众》，徐志摩的《我所知道的康桥》（节选），朱光潜的《文艺与道德》《无言之美》，林徽因的《窗子以外》等。多年以后，汪曾祺在《西南联大中文系》一文中回忆说：“语体文部分，鲁迅选的是《示众》。选一篇徐志摩的《我所知道的康桥》。更特别的是选了林徽因的《窗子以外》。”汪曾祺对入选林徽因的文章感觉“更特别”，可能是当时林在新文学界并无影响、此文也并不出众吧。

11 月 14 日，西南联大第一二六次常委会决议，同意朱自清辞去联大中文系主任及联大师院国文系主任职务，两职务均由罗常培暂代。

朱自清在汪曾祺读大二那年，休了一年带薪研究的长假。汪曾祺整整一学年没有听朱自清的课。这个时候，汪曾祺开始写文章，小说、散文、诗歌都写，沈从文会把他的文章推荐到一些报刊发表。汪曾祺自己也会投稿，还参加了学校的文学社团冬青社，是冬青社的活跃分子。他常和要好的同学一起讨论文学创作，会在泡茶馆的时候，读书写文章。汪曾祺在《泡茶馆》一文中说：“我最初的几篇小说，即是在这家茶馆里写的。茶馆离翠湖很近，从翠湖吹来的风里，时时带有水浮莲的气味。”巫宁坤在《西南联大的茶馆文化——纪念西南联大建校七十周年》一文中也说到他和汪曾祺、赵全章一边泡茶馆一边读书写作的事：“曾祺读中文系，我和全章读外文系。碰巧三人又同住一幢宿舍，又都爱好文艺，朝夕过从。每天课后，我们仨就各自带上两三本书、钢笔、稿纸，一起去泡茶馆。我们一边喝茶，一边吃‘花生西施’的五香花生米，一边看书，多半是课外读物，或写点儿什么东西。茶馆就是我们的书斋。谁写好一篇东西，就拿出来互相切磋。曾祺第一篇小说的文采就让我俩叹服。……我们最初的习作都是在这家茶馆里泡出来的，投给中央日报文艺副刊，居然一篇小诗小文都陆续登出来了。”汪曾祺在文学上的天赋，得到了老师沈从文的赞许，沈从文在致施蛰存的信中说：“新作家联大方面出了不少，很有几个好的。有个汪曾祺，将来必大有成就。”

汪曾祺大三这年，朱自清一年修假研究期满，回到联大，他的课有“散文研究”和“历代诗选（宋）”。汪曾祺修习了朱自清的“宋诗”课。在散文《新校舍》里，汪曾祺说：“朱自清先生教课也认真。他教我们宋诗。他上课时带一沓卡片，一张一张地讲。要交读书笔记，还要月考、期考。我老是缺课，因此朱先生对我印象不佳。”在《忆西南联中文系》里说：“比较严一点的是朱自清先生的‘宋诗’。他一首一首地讲，要求学生记笔记，背，还要定期考试，小考大考。”

朱自清讲宋诗，这是他在联大的“拿手课”之一，用的讲义是他自己精心编写的《宋诗钞略》，铅印本，白文，无标点无注释。那么，朱自清讲宋诗讲得怎么样呢？他的学生季镇淮在《纪念佩弦逝世三十周年》里有描写，他说，有一次，朱自清讲课，他先在黑板上写下两首七律，一首是刘长卿的《送李录事兄归襄阳》：“十年多难与君同，几处移家逐转蓬。白首相逢征战后，青春已过乱离中。行人杳杳看西月，归马萧萧向北风。汉水青云千万里，天涯此别恨无穷。”另一首是苏轼的《和子由渑池怀旧》：“人生到处知何似？应似飞鸿踏雪泥。泥上偶然留指爪，鸿飞那复计东西。老僧已死成新塔，坏壁无由见旧题。往日崎岖君记否，路长人困蹇驴嘶。”对这两首诗的讲解，朱自清开始没有写下题目和作者，而问学生看了这两首诗有什么样的感觉：哪一首习见，熟一些；哪一首不习见，生一些。当时，季镇淮说"头一首熟一些"，朱自清称"是"。接着才开始讲唐宋诗的区别。朱自清说："这两首诗内容相同，都是讲离别的。但意味不同；前者就是抒发感情，后者则讲出了一些道理。唐诗主抒情，宋诗主说理；唐诗以《诗风》为正宗，宋诗刚以文为诗，即所谓'散文化'。"应该说，朱自清这种讲课风格是十分严谨和有效的，便于学生理解和运用。季镇淮和汪曾祺一样，也讲到了朱自清上课的严格，他说："先生逐句讲解，根究用词、用事的来历，并随时指点在风格上宋诗与唐诗的不同。也常令学生先讲解，而后先生再讲。因此，在上课之前，学生莫不敢自行预习准备。上课的时候，大家就紧张起来，怕被先生叫起来先讲。定期进行考试，则注重默写和解释词句。"

汪曾祺缺课多，也可能与朱自清教学的严格、刻板有关。汪曾祺随心、散慢，喜欢自由自在的生活，包括在学习中。他喜欢写作，就爱听沈从文的课。他也喜欢听文采飞扬的闻一多的课，对闻一多在课堂上的潇洒特别欣赏，他在《闻一多先生上课》一文里说："闻先生打开笔记本，开讲：'痛饮酒，熟读《离骚》，乃可以为名士'。"汪曾祺印象特别深，还说"能够像闻先生那样讲唐诗的，并世无第二人"。汪曾祺对闻一多的欣赏，也是他的性情决定的。所以，听朱自清严谨、严肃而带有学术研究并略显枯燥的课，自然感觉没劲了。朱自清对于这样的学生"印象不佳"也就不奇怪了。

汪曾祺本应于 1943 年 6 月毕业，但于由体育和大二英文成绩不合格，汪曾祺没能如期毕业。

汪曾祺在新时期文坛成名后，写过很多西南联大的旧人，关于沈从文的就有《沈从文先生在西南联大》《沈从文和他的

〈边城〉》《星斗其文，赤子其人》等好几篇，也写过《闻一多先生上课》，写过《金岳霖先生》，写过《唐立厂先生》（唐立厂就是唐兰），只在《新校舍》《忆西南联大中文系》等文里稍带一笔朱自清。另外，在散文《人间幻境花果山》里，说了句“我曾听朱自清先生说过，淮安人是到了南阁楼就要修家书的”。仅此而已。朱自清是西南联大的名教授，课程也不少，必修课、选修课都有，还有各种讲座，汪曾祺都听过。特别是朱自清到冬青社的几次演讲，汪曾祺都在现场，按说印象很深，甚至也有不少交流，连“淮安人到了南阁楼就要修家书的”这种话都说了，家乡风物、人情事故等事一定不会少讲。可不知为什么，汪曾祺没有专门写一篇关于朱自清的文章。也没写过罗常培。很多年后，沈从文在给汪曾祺的一封长信里，说起当年未毕业事，提到“罗”没给江曾祺发毕业证，应该是指罗常培吧。因为罗常培当年准备安排汪曾祺先在西南联大先教一年书，再补发毕业证书的。汪曾祺答应了，可是后并没有安排汪曾祺当老师。据汪朗在《我们的老头儿》一书里回忆，罗常培想让朱自清收汪曾祺做他的助教，朱自清一口回绝：“汪曾祺连我的课都不上，我怎么能要他当助教？”

没拿到西南联大的毕业证书，对汪曾祺此后的生活有无影响，影响有多大，现在讨论也无意义。但可以肯定地说，朱自清对他这个同乡兼学生，没有像对待他的另一个同乡兼学生余冠英那么优待。

## “回望汪曾祺”

“我们一直呼唤大师，也一直感叹大师的缺席。但有时候我们常常容易忽略大师的存在，尤其是大师在我们身边的时候，我们会选择性地失明。有一个作家去世十八年了，他的名字反复被读者提起，他的作品被反复重版，年年在重版，甚至比他在世的时候，出版的量还要大。我们突然意识到一个大师就在我们身边，而我们却冷淡了他，雪藏了他。他就是汪曾祺。”这是著名评论家王干先生在《被遮蔽的大师——论汪曾祺的价值》里对汪曾祺的评价。

“回望汪曾祺”这套丛书，就是回应王干先生并向汪曾祺致敬的一套关于汪曾祺著作和评价的文丛。先期出版五种：《夜读汪曾祺》《人间送小温——汪曾祺年谱》《汪曾祺诗词选评》《汪曾祺论沈从文》《我们的汪曾祺》。

《夜读汪曾祺》是著名评论家王干先生三十多年来研究汪曾祺文章的汇编，从多种角度解读汪曾祺为文、为人和对中国当代文学的贡献，并由此认为“汪曾祺可以当之无愧被称为20世纪中国的文学大师，他的‘大’在于融汇古今、贯通中西，将现代性和民族性成功融为一体，将中国的文人精神与民间的文化传统有机地结合，成为典型的中国叙事、中国腔调。他的价值是中国文学和文化的瑰宝，随着人们对他认识的深入，其价值越来越弥足珍贵，其光泽将会被时间磨洗得越发明亮迷人。”《人间送小温——汪曾祺年谱》是徐强先生花费多年心血研究整理的国内首部完整的汪氏年谱，具有极高的文献价值。《汪曾祺诗词选评》是金实秋先生对汪曾祺的诗词楹联的点评，有的诗词楹联还是第一次正式出版。《汪曾祺论沈从文》是刘涛先生对汪曾祺怀念老师沈从文的十余篇文章的解读。《我们的汪曾祺》由苏北先生选编，是国内文化名人、作家、评论家、读者怀念、评价汪曾祺的文章的一次集中展示。

我们回望汪曾祺，是汪曾祺的文学作品越来越受到读者的推崇和喜爱，并无可争议地成为当代文学大师。也正如王干先生所说："当中国文学回归理性，民族文化的自信重新确立的时候，汪曾祺开始释放出迷人而灼热的光芒来。"

（本文系作者为"回望汪曾祺"丛书写的出版说明，出版时署名：广陵书社编辑部）

# 从《人间草木》说开去

《人间草木》是一本散文集，不是介绍草木生长的科普作品，著者汪曾祺，出版者为山东画报出版社，编者段春娟。这本书还有一个副标题“谈草木虫鱼散文41篇”。我觉得这个副标题可要可不要。要了，没有不要好。加这个副标题，可能是因为书中所谈不仅是“草木”，还有“虫鱼”吧？有“内有新衣一件”的嫌疑，其实完全不必。而严格地讲，“41篇”只是大题目，许多题目下，还有若干篇小文章，比如《关于葡萄》，就有《葡萄和爬山虎》《葡萄的来历》《葡萄月令》组成。如果说《关于葡萄》里的三题都和葡萄有关，《昆明的花》就写了昆明不同的花花草草12种，共有9个小题目。《生机》一篇，更是收了《玉头》《豆牙》《长进树皮里的铁蒺藜》等三篇短章。类似这种大题目下跟着一串短章的篇幅好有好多。所以，强调“41篇”也似乎不准确。

这本书的得书经过是这样的，2007年春天，我因事在北京待了几天，离京时，突发奇想，逛逛北京城，走走长安街。于是，一大早便从所住的东三环一带，向天安门方向步行。因为到北京站乘火车是在晚上，一整天时间怎么打发？走走看看，走累了再乘公交车，走饿了就吃饭。就这么一路闲走，看到了长安大戏院的门脸子。没机会在这家大戏院里听过戏，从门缝里张望几眼总可以吧？没想到长安大戏院的门厅是开放的，推门就可进去，偌大的门厅里，居然有一角摆成了书铺。书的品种不多，都是平摆开来，数得出来的几种，这本《人间草木》尤其出挑，一看，汪曾祺的书。我也是“汪迷”，不久前买过一本《五味》，也是这家出版社的书，当时还颇生感慨，一家专业性很强的出版社，出版如此“小众”的文学作品，不简单。

有了《人间草木》，不再闲逛也不再望呆了，而是在街边的一张条椅上坐下，慢慢翻慢慢读。我一直这样想，读汪氏的书一定要慢，一个字一字去品，连标点都不要落下，要想获得某种离奇情节或寻求感观刺激，就不要读汪氏的书。北京的春天还很有些凉意，虽不至于哈手跺脚，也时不时要把手藏起来。就在北京长安街边的条椅上，在三月的阳光里，我把这本《人间草木》摊在腿上，大约花费四五个小时的时间，到了下午两三点钟，把这本书读完了，连段春娟写的“编后记”都读了两三遍。

作家出版社曾在不久前出版过一本类似的书，叫《草木春秋》，许多篇幅都有重复，我也通读一遍。但是，山东画报这本好，是因为选的图好，封面设计好，编排好，还有开本舒服。总之，汪曾祺写得好，《人间草木》选得好，出版社出得好。如此有意味的书，可把玩的书，真是读者一大幸事啊。

《人间草木》所选的第一篇文章，是汪曾祺的旧作《花园》。这是一篇借物抒情的散文，最后落在和父亲的情感交流上，真是美文。《花园》最初发表在 1945 年 6 月出版的第二卷第三期《文聚》上。（选编者在这里犯个小小的错误，把《文聚》误写成《文艺》了）最初发表时，后缀一个副标题“茱萸小集二”。这个副标题传递出至少两个信息，一是汪曾祺早就编成或准备写作一本《茱萸小集》，二是本篇是这本书或系列文章的第二篇。那么第一篇是什么呢？在 1946 年 2 月 15 日出版的《文艺复兴》第一卷第二期上找到了答案，在这期杂志上，汪曾祺发表的文章叫《小学校的钟声——茱萸小集之一》。先发表的称“之二”，后发表的称“之一”，这不难理解，很大的可能是作者觉得《花园》更适合《文聚》。还有一种可能是《小学校的钟声》投稿在先。但是《文艺复兴》创刊于 1946 年 1 月，主编是郑振铎和李健吾，汪曾祺不太可能先给《文艺复兴》投稿。但也不排除《文艺复兴》在创刊前的约稿中，有人向汪曾祺约稿或朋友推荐。《文艺复兴》是抗战胜利后的一本重要杂志，创刊号上有重量级作家郑振铎、郭绍虞、巴金、辛笛、茅盾、李健吾等人的作品，也有文学新人杨绛、钱钟书的作品。和汪曾祺同时发表在第一卷第二期《文艺复兴》上的连载小说《围城》，更是在多年以后，成为家喻户晓的名著。汪曾祺能在这种重量级的杂志上发表文章，可见他当时的写作能力已经达到相当高的水准了。但“茱萸小集”只发表了“之一”和“之二”，之三之四一直都没有见到。

众所周知，汪实祺喜欢花花草草，这方面的文章几乎篇篇珠玑。其实早在年轻时，汪曾祺就流露出对这一题材的偏爱，在“茱萸小集”之前，他就写过这方面的文章，还在和同学、朋友的通信中，多有描写花草的段落。段春娟在编后记里也写道：汪曾祺“在多篇文章言及喜欢法布尔的《昆虫记》、吴其浚的《植物名实图考》《花境》等书”。又说，他以植物名做书名的就有《草花集》《晚饭花集》《蒲草集》《菰蒲深处》。那么

“茱萸小集”此后的境况如何呢？汪曾祺早在1944年夏天给好友朱奎元的长信中，就透露了一点信息：“我想把我未完成的‘茱萸集’在我不死，不离开，不消极以前写成，让沈二哥从文找地方印去。”可见这批文章，至少在1944年夏天之前就开始构思并写作了。后来，生活奔波的汪曾祺，直到1987年，才在台湾联合文学出版社有限公司出版了短篇小说集《茱萸集》。但是此“茱萸集”和彼“茱萸集”所收内容怕是大相径庭了。

话题扯远了，还是来说说《人间草木》。书中的文章，都散发在各地的报刊上，有的篇章也被汪曾祺生前编入过其他集子，但如此集中出版，并配上精美的图片，是不是独此一家我不敢说，至少在我是非常喜欢的。书中描写的花草树木，还有鸡鸭虫鱼，都是我们日常寻见甚至朝夕相处的植物或动物。读了这些文章，在享受美文的同时，也会让我们产生更多的联想，各种联想。比如有一篇《紫穗槐》，说“紫穗槐的枝叶皆可为饲料，牲口爱吃，上膘”。此说未必对。我小时生活的农村，湖（我们那里称农田为湖）里的沟渠河畔、田间地垄，紫穗槐到处都是，叶子味重，牛马都不吃，猪也不吃。夏天，生产队会组织劳动力，撸下紫穗槐叶子沤绿肥。倒是叶型和它相近的洋槐树叶，牲口爱吃，晒干了捶成碎末，可作饲料。又说“条可以编筐”。对的。编筐我是好手，我孩子的窝篮就是我割来紫穗条编的。比如《地瓜》，会让我想起小时候被地瓜吃腻了的种种记忆，记得我最痛恨的就是地瓜丰收引发的愤怒——每家要分几百斤地瓜，地瓜鲜藏不易，要晒成地瓜干。大人们趁着月色，把地瓜割成片片，我们一担一担挑到湖田里，晒在大太阳下。天阴了，要下雨了，又一片一片捡起来，挑回家。可还没有挑完，天又晴了……再也没有比这种重复的无效劳动让人辛苦和痛恨了。前几年，我还据此写一个短篇小说《丰收的地瓜，我的愤怒》。

有一篇主角是猫的散文简直让人着迷。写猫的文章很多，季羡林就有一篇，还有人专门写过一本书，但读来都没有汪曾祺这篇有意味，开篇就说“不喜欢猫”，接着笔锋一转，写了祖父的一只大黑猫，“老的懒得动，整天在屋里趴着”，而猫的“念经”的习性，“猫洗脸”“猫盖屎”的俗语同样让他不快，特别是大伯父居然养了十几只猫，名贵的品种不少，“我觉得不论叫什么名堂的猫，都不好看”。真是这样吗？那么昆明的猫呢？不用说，是“好看的小猫”。请看：

> 这家姓陈，是广东人。我有个同乡，姓朱，在轮船上结识了她们，母亲和女儿，攀谈起来。我这同乡爱和漂亮女人来往。她的女儿上小学了。女儿很喜欢我，爱跟我玩。母亲有一次在金碧路遇见我们，邀我们上她家喝咖啡。我们去了。这位母亲已经过了三十岁了，人很漂亮，身材高高的，腿很长。她看人眼睛眯眯的，有一种恍恍惚惚的成熟的美。她斜靠在长沙发的靠枕上，神态有点慵懒。在她脚边不远的地方，有一个绣墩，绣墩上一个墨绿色软缎圆垫上卧着一只小白猫。这猫真小，连头带尾只有五寸，雪白的，白得像一团新雪。这猫也是懒懒的，不时睁开蓝眼睛顾盼一下，就又闭上了。屋里有一盆很大的素心兰，开得正好。好看的女人、小白猫、兰花的香味，这一切是一个梦境。

我每读这一段，就会有一种莫名的感动。美人美猫的情态太传神了，怎么不让人心生喜欢？眼睛眯眯的长腿少妇迷离恍惚的样子，懒懒的不时睁开蓝眼睛顾盼一下的小白猫。少妇是斜靠在长沙发的靠枕上的，小白猫是卧在“绣墩上一个墨绿色软缎圆垫上”的，这幅图景真是太美了。猫和主人一并都喜欢上了。作者以“这一切是一个梦境”一笔带过，但梦境不一定不是真实的。

这本书在编排上的独到之处，是我在前边提到的配图。如果按照该书副标题所说，“谈草木虫鱼散文41篇”，那么收精美的宋、明、清三代国画达67幅，也是值得炫耀一番的。但这么多配图，却和目前市面上流行的花里胡哨的“图文书”完全不一样，既可给文章增添情趣，也可以单独欣赏，因为这些图都出自名家之手，有的清新可爱，有的灵动有趣，有工笔，有水墨，有的兼工带写，透着历史的陈迹和画风的多样。比如，有的画选自恽寿平的《花册图》，有的选自邹一桂的《花卉图》，有的选自虚谷的《杂画图册》，有的选自王维新的《花鸟图册》、有的选自金农的《人物山水图册》《花鸟蔬果图》，等等，可谓洋洋大观。如果把书名另改“明清两代花鸟虫鱼名画精选”什么的，再配上汪曾祺这些贴心贴肺的散文，署名：汪曾祺配文，也有可能是一部大卖的好书。这么想来倒是挺有趣。

这就是我读《人间草木》的一点感想，什么是好书？能让人阅读后，生发出许多感想和情怀的书，就是好书。

2007年春草于新浦河南庄

## “汪学”的探路之作
### ——简述王干先生《夜读汪曾祺》

《夜读汪曾祺》是王干先生三十余年来研究汪曾祺文章的结集，也是汪曾祺研究领域的重要成果，可以说是近年悄然兴起的“汪学”的探路之作。

说是“探路”之作并非夸张，一来，王干是新时期以来最早系统研究、评论汪曾祺的评论家之一；其次，以专著形式评论、介绍汪曾祺，该书是最具独特的一本——书中收录的文章，不仅有对汪曾祺作品的评价，有对汪曾祺书画艺术的论述，还有对其为人、为文、生活情趣等多方面介绍，属于多维度、立体式；再次，王干还是新时期以来，和汪曾祺接触最为密切的朋友之一，从他对汪曾祺的称呼上就可见一斑，最早称汪老师，后称汪老、汪先生，最后随家人直呼“老头儿”；最后，王干和汪曾祺是同乡，在同一种风俗、气候和人文环境里度过了童年、少年时光，最能体察和品味汪曾祺的文学情怀和行文风范。而“汪学”渐有风气，王干这本以综合性评论文集出版，恰是时候。所以说，《夜读汪曾祺》是“汪学”的探路之作并非虚张声势。

随着汪曾祺的作品不断被重新编排出版、再版、重印，不断有轶文被发现，让广大“汪迷”（汪粉）欢呼不已，“汪学”也在这股风潮中逐渐形成。和汪曾祺文学作品热度不断升温相比，“汪学”研究虽然有些“低调”，也渐渐形成共识，即汪曾祺是他这一代作家中最有可能被传下去的大师。在这一“大气候”熏染下，一批“汪研”成果应用而出，东北师大徐强历多年心血完成的《人间送小温——汪曾祺年谱》（其实这部年谱只是“简编”，长达八十余万字的“长编”也即将出版）就是代表；孙郁的《革命时代的士大夫——汪曾祺闲录》也是一本比较全面评价汪曾祺的“汪学”专著；金实秋的《汪曾祺诗词选评》则细无具细地从各处打捞出汪曾祺散落在文章、书籍、题画、书法及书信当中的诗词楹联，并作详细的考证、点评、解析；刘涛选编并点评的《汪曾祺论沈从文》则是把汪曾祺写沈从文的相关文章汇编一册，读者可以从中读出沈从文和汪曾祺之间的师承关系。还有人民文学出版社历经多年整理的具有学术价值的《汪曾祺小说全编》。著名评论家李建军接连发表了两篇关于汪曾祺的评论，一篇是发表在《文学评论》上的《中性风格的魅力与局限——平心试论汪曾祺》，另一篇是《孙犁何如汪曾祺？》。特别是前者，在 18000 字的长文中，李建军“试图在开阔的语境中，分析汪曾祺在语言方面所表现出来的自觉意识和成熟风格，以及他在古今中外文学经验的‘打通’方面，所提供的理念，所取得的成就；本文还建构了一个由强性风格、亚型风格、中性风格和弱性风格等概念构成的阐释框架，并据此揭示了汪曾祺的追求‘喜悦’和‘诗化’的中性风格的魅力，分析了他的小说理念的偏颇、趣味倾向的单一和叙事方式的局限”。（《文学评论》导语）这篇文章是近年来少见的评论汪曾祺的力作。在《孙犁何如汪曾祺？》中，李建军把孙犁和汪曾祺放在一起进行有趣的比较，他开宗明义："这两个人的性格和趣味，他们的文学理念和写作风格，到底有何异同？他们之间的文学'交往'，又反映着什么样的微妙关系和潜在冲突？"应该说，这样的比较非常有价值和意义，深得广大"汪粉"的喜爱。

这些专著和评论的出版，都证明了"汪学"风潮正扑面而来。

另外，作家出版社、山东画报出版社、江苏文艺出版社、河南文艺出版社、九州出版社、上海三联书店出版社、花城出版社等多家出版社争先恐后地出版、再版、重印汪曾祺的著作，也为这股风潮推波助澜。

《夜读汪曾祺》在这股出版风潮中的独特之处，就是提出了汪曾祺是"被遮蔽的大师"这一新概念。"我们一直呼唤大师，也一直感叹大师的缺席。但有时候我们常常容易忽略大师的存在，尤其是大师在我们身边的时候，我们会选择性地失明。有一个作家去世十八年了，他的名字反复被读者提起，他的作品被反复重版，年年在重版，甚至比他在世的时候，出版的量还要大。我们突然意识到一个大师就在我们身边，而我们却冷淡了他，雪藏了他。他就是汪曾祺。"王干如是说。

《夜读汪曾祺》一书所收的文章，大致从三个方面来阐述、评论汪曾祺的文学作品及其诗意人生。其一是针对汪曾祺的小说、散文进行评价和解析。如《有志者的困局》《难得的暖意》《美丽的梦，伤感的诗，文化的画》《淡的魅力》《汪曾祺风俗小说评论》等，分别对小说《徙》《岁寒三友》《晚饭花》（小说集）《受戒》《大淖记事》和散文《故乡的食物》《葡萄月令》等名篇，从多重角度分析了汪曾祺作品的文学价值、美学趣味和诗学意义，对汪曾祺小说中所体现出的诗化、风俗化、散文化、意境化和抒情精神进行准确的批评。其二是从理论上论述了“汪曾祺现象”的由来和形成。这方面的篇章有《被遮蔽的大师》《透明与滋润》等，告诉我们，“汪曾祺的光芒，来自于他无人能替代的独特价值”；汪曾祺的价值“在于连接了曾经断裂多时的中国现代文学和当代文学”；汪曾祺的另一个价值“在于他的作品激活了传统文学在今天的生命力，唤起人们对汉语文字的美感”；“还在于打通了文学创作与民间文学的内在联系，将知识分子精神、文人传统、民间情怀有机地融为一体”。其三是关于汪曾祺生活情趣的描摹。《像汪曾祺那样生活》《翰墨丹青　隔行通气——汪曾祺的书画美学》《汪曾祺印象记》《美食家汪曾祺》《父子美食家》等是这方面的代表，把汪曾祺文学之外的生活情态展现了出来，包括书法、绘画、美食、游览等，从中能看出汪曾祺日常生活中的真实性情。阅读这些文章，对研究汪曾祺的创作风格、文学趣味和文学立场的形成，无疑将大有裨益，也是“汪学”研究的重要一部分。

《夜读汪曾祺》一书的贡献，不仅仅是揭开了汪曾祺被“遮蔽”的面纱，还在于开辟了中国现当代文学研究领域的一个新领地——汪曾祺身上还有许多“宝藏”有待开发，他的小说，他的散文，他的戏剧，他的诗词，他的书法和绘画，他的诗意和名士风采，他作品前后的风格演进，他和同时代作家的比较研究，他的散文和中国古代散文的比较研究，等等，都有待研究者去发现和开拓。《夜读汪曾祺》一书已经在这方面做了可喜的探索，基本上为“汪学”起了个头，而且这个开头的调子正正好，起点正合适，把“汪学”带进了健康的研究轨道。因为汪曾祺已经够得上这个量级，他身后的作品热，是市场检验出来的，是读者发自内心的，因而才演绎出庞大的“汪迷”群体。

这个群体有爱书人、读书人、著书人、藏书家、研究家、作家和艺术家，更有很多普通民众，无一例外地都是被他的作品所迷倒，所崇拜。在为《人间送小温——汪曾祺年谱》写的序文《寻找汪曾祺的足迹》中，王干直言不讳地认为："随着时间的推移，随着文学本身大浪淘沙的洗礼，汪曾祺的价值在显现，尤其作为文学教父的身份正慢慢地凸显。"在说到汪曾祺及其作品时，又说："作家的平凡肉身，如世间所有生命，根本无法摆脱或缓解时间巨大的推力。好在有文学，文学说到底，不过是一门对抗时间的艺术。好的文学作品总是能够抵抗时间的落差，经久传世。"是啊，在时间流水的淘洗、冲刷中，汪曾祺"三维起来"，"立体起来"，伟大起来，"汪学"适时地发展起来。在这篇序文中，王干还引用了铁凝在汪曾祺逝世十周年上的讲话："汪曾祺先生是当代中国文学界的一位大师，他的文学成就一直受到文学界的高度肯定，他的作品深受广大读者的喜爱。"我觉得铁凝的话恰如其分，王干引用的也恰到好处。

通过王干的这本《夜读汪曾祺》，通过他对汪曾祺及其作品的解读，汪曾祺在文学上的大师风采和在生活中的趣闻轶事，真实地重现在我们面前。"汪学"的雏形也在《夜读汪曾祺》中就此诞生，同时本书的出版也必将推动和引领"汪学"向前健康地发展。

2016年8月8日初稿于北京五里桥

# 重读《受戒》

《受戒》是汪曾祺代表作之一，发表于1980年第十期的《北京文学》。汪曾祺刚刚再度焕发创作的青春。说“再度”，是因为他在1940年代就出版短篇小说集，是当时很有名气的青年作家。在1960年代又有小说集问世。

《受戒》发表后，给文坛带来一股不一样的新气象，不仅多家杂志转载、评论，《小说选刊》在转载时还配发了汪曾祺的创作谈。关键是让许多人惊呼，这种题材也能写啊？确实，在当时的写作环境里，这样的作品确实不合时宜。彼时流行的文学式样是“伤痕”“反思”，刚刚复出文坛的作家，都在反思。要说汪曾祺的“伤痕”不比他们少，“右派”，摘帽“右派”，下放劳动，走资派，被抄家，他会有更多的“反思”，但他没有随大溜——汪曾祺似乎从来就不是随大溜的作家。在他生活中，无论受什么什么样的不公，遇到什么样的困难，反映到文学作品里，呈现的都是美，让人感受到善良的温度，人性的纯度。我二十年前读《受戒》，读完以后心里不是滋味，傻傻地发了小半天呆，在人物的情绪里迟迟走不出来，甚至天真地想，小说不应该就这样结束，在明海和小英子划船进入芦苇荡后，还要继续往下写，最好是明子闹着还俗才好。但我也知道这是小说家的“计谋”，让读者难受的小说才是好小说。

这几天在论坛里瞎逛，跟坛里的写手们打牙撂嘴，最后发生了争执。一个叫“痛哭一晚”的坛友对我评价她的贴子不服气，跟贴时说，有本事你也写呀，也贴一篇上来看看啊。我在她的激将下，贴一篇小说上去。坛里人看了，有人说不错，有点水准，有的人狠批，认为一分钱不值。“痛哭一晚”的跟贴毫不客气，且尖酸刻薄：“你这是小说吗？乱稻草，看看人家汪曾祺的《受戒》。”我不得不说，这家伙掐架的水准够高，抬出汪曾祺，让我觉得这次论坛大战积累的许多小胜，仅这一个回合就败光了。

我找出《受戒》，重读一遍。

《受戒》是写小和尚明海从出家到受戒的故事。故事极其简单，明海被他当和尚的舅舅带到荸荠庵出家了。荸荠庵附近住着小英子一家。小英子家租种庙里的十亩水田。这样，两个年龄相仿的孩子就常在一起玩耍了。明子（明海小名）拿铜蜻蜓到小英子家玩捉鸡的游戏，看准一只老母鸡，把铜蜻蜓一丢，鸡婆子上去就是一口。这一啄，铜蜻蜓的硬簧绷开，鸡嘴撑住了，叫不出来了；小英子请明子回家为待嫁的姐姐画花样。因为花样画得好，不但认了小英子的母亲做干娘，还被四乡八镇请去画花样；明海也会帮小英子家一起干农活，一起踩水车，一起收荸荠，小英子会在泥水里，故意去踩海明的脚丫子玩。就在这些交往中，在两个少年的心里萌发了朦胧的感情。后来，明海去善因寺受戒了，是小英子划船送去的。几天后，也是小英子划船把受了戒的明海接回来的。小说的精彩部分就是在回荸荠庵的途中，结束也在芦苇荡中。可我们知道，小说并没有结束，还有太多太多的故事等着我们去联想。

多少年后，重新找出《汪曾祺短篇小说选》，看在《受戒》标题上方，不知什么时候写下的一段“眉批”：汪氏小说，散、淡、轻、清、静、平、远，没有大起大落的故事，没有大喜大悲的情节，人物也都是清亮、明丽，却让人读后不能平静。这篇《受戒》，也有这些元素，却在散淡的笔墨中，能感受到小说里的大起大落和浓得化不开的心结。

我对着这段文字想了想，慢慢开读。

应该说，重读后的心情不像先前那么复杂（当然依旧复杂）。小英子多美啊，多纯啊，多机灵啊，用现在的话，叫冰雪聪明；明海是多好的少年啊，和小英子一样聪明，能干，懂事。不讲人物的身份（明海是和尚），小英子和明海在汪曾祺的笔下是完美的少年。只有汪曾祺才能写得这么美，这么稳，人物个性才会这么鲜活水灵，才这么松散而又有序。真是一部精品中的精品。

——“散”而不散的描写。

是的，汪曾祺的小说，风格一直散淡而清丽，像一汪碧水，像雨后蓝天，透着散文式的纯美和诗歌的明净。老先生自己也承认：“我的一些小说不大像小说，或者根本就不是小说。有些只是人物素描。我不善于讲故事。我也不喜欢太像小说的小说，即故事性很强的小说。”又说：“散，这倒是有意为之。我不喜欢布局严谨的小说，主张信马由缰，为文无法。苏轼说：‘大略如行云流水，初无定质，但常行于所当行，常止于所不可止。文理自然，姿态横生。’（《答谢民师书》）……虽不能至，心向往之。”（《汪曾祺短篇小说选·自序》）

这篇《受戒》也散。小说里有大段情节都像“闲笔”，如对荸荠庵的介绍、舅舅如何教念经、养猪杀猪的描写，等等，特别是对荸荠庵和庵里六个人的介绍，更是占据了很大的篇幅，粗略算一下，竟有两千来字。

小说不厌其烦地介绍五个和尚（算上明海），老和尚普照六十几岁，“是个很枯寂的人，一天关在房里，就是那‘一花一世界’里。也看不见他念佛，只是那么一声不响地坐着。他是吃斋的，过年时除外”。老和尚有三个徒弟。师兄弟三个是怎么样的呢？明子的舅舅仁山，是大师兄，也是当家的和尚，作者是这样写的：“仁山所说当一个好和尚的三个条件，他自己其实一条也不具备。他的相貌只要用两个字就说清楚了：黄，胖。声音也不像钟磬，倒像母猪。聪明么？难说，打牌老输。他在庵里从不穿袈裟，连海青直裰也免了。经常是披着件短僧衣，袒露着一个黄色的肚子。下面是光脚趿拉着一对僧鞋，——新鞋他也是趿拉着。他一天就是这样不衫不履地这里走走，那里走走，发出母猪一样的声音：‘哞——哞——’”真是没有一点正行。二师父仁海更是不像话：“他是有老婆的。他老婆每年夏秋之间来住几个月，因为庵里凉快。庵里有六个人，其中之一，就是这位和尚的家眷。仁山、仁渡叫她嫂子，明海叫她师娘。这两口子都很爱干净，整天的洗涮。傍晚的时候，坐在天井里乘凉。白天，闷在屋里不出来。”三师父仁渡是个聪明精干的人，会算账，“有时一笔账大师兄扒了半天算盘也算不清，他眼珠子转两转，早算得一清二楚。他打牌赢的时候多，二三十张牌落地，上下家手里有些什么牌，他就差不多都知道了。他打牌时，总有人爱在他后面看歪头胡。谁家约他打牌，就说‘想送两个钱给你’”。他还会“放花焰口”。“所谓‘花焰口’就是在正焰口之后，叫和尚唱小调，拉丝弦，吹管笛，敲鼓板，而且可以点唱。仁渡一个人可以唱一夜不重头……有一回，在打谷场上乘凉的时候，一伙人把他围起来，非叫他唱两个不可。”他先唱一个安徽的小调，“唱完了，大家还嫌不够，他就又唱了一个：姐儿生得漂漂的，两个奶子翘翘的。有心上去摸一把，心里有点跳跳的”。这就是荸荠庵的现状。小说的描写了几个怪异的和尚后，作者这样说：“这个庵里无所谓清规，连这两个字也没人提起。”

对几个和尚的介绍，看起来确实是一大堆闲笔，闲得离谱了，占用的篇幅不少。和明海小英子的故事毫不搭界。果真是这样吗？在乡间小庙，周围的人都没觉得和尚们离谱，觉得这是他们日常的生活。明海和小英子当然也这么认为。

闲笔紧接着闲笔：和尚们还经常打牌，“把大殿上吃饭的方桌往门口一搭，斜放着，就是牌桌”，“牌客除了师兄弟三人，常来的是一个收鸡毛的，一个打兔子兼偷鸡的，都是正经人”。我看到这里时居然笑了。“偷鸡的”是正经人，大约是和三兄弟相比吧。这是一间什么样的小庙啊。原来和尚能够和任何人打成一片。正是在这样的环境里，才有明海和小英子一家的交往。更有明海和小英子的交往，才有踩荸荠时，小英子“故意用自己的光脚去踩明子的脚”。明子看到小英子留在地上的一串小脚丫，才有一种“从来没有过的感觉，他觉得心里痒痒的”，“这一串美丽的脚印把小和尚的心搅乱了”。看到这里，还觉得这些描写是多余的吗？正是这些“散”的描写，小英子和明子怎么样都不为过了，说白了，就是为两个少年合理的心理变化和情感演进做铺垫的。

——准确传神和乡俗的诗意。

《受戒》这部作品，感动读者的地方很多，不仅是小说中透露的至纯至真的少年情感，还有简约又准确的语言，可以说达到了化境。比如，在说明子念了几本《三字经》《百家姓》后，每天还写一张字。作者这样写道："村里都夸他字写得好，很黑。"字写得好，不说横平竖直，不说构架，不说笔锋，也不说字体，而是"很黑"，典型的乡村语言。旧时的乡村，文化落后，自然没有几个识字的人，他们夸一个即将受戒的小和尚的字，只能用"很黑"来表示，而很黑，能感觉到是最高级别的夸奖。试想一下，如果把"黑"换成任何一个字都不够准确，比如"大"，比如"亮"，比如"好看"，等等。"大"，用树枝在地上也能写大字，而"黑"，在乡民们看，是用墨写的，是讲究的，因此，村民们的夸奖也是真诚的，发自内心的。小说的力量，故事的精巧当然是主体，情节的曲折离奇也很重要，人物命运的悲惨同样能感染人，但语言的准备和能不能给人以语感上的享受，才是感染读者的法宝。

对于小英子家的描写，照例是来一通"散"板："门里是一个很宽的院子。院子里一边是牛屋、碓棚；一边是猪圈、鸡窠，还有个关鸭子的栅栏。露天地放着一具石磨。正北面是住房，也是砖基土筑，上面盖的一半是瓦，一半是草。房子翻修了才三年，木料还露着白茬。正中是堂屋，家神菩萨的画像上贴的金还没有发黑。"然后是"房檐下一边种着一棵石榴树，一边种着一棵栀子花，都齐房檐高了。夏天开了花，一红一白，好看得很。栀子花香得冲鼻子。顺风的时候，在荸荠庵都闻得见。"妙就在最后一句，冲鼻子的花香，"荸荠庵都闻得见"。这里的花香是多意的，让人联想的。这就是传神。

形容赵家姐妹俩长得一样，像一个模子"托出来的"，"托"字用得极妙。而后边的妙语更是接锺而来："眼睛长得尤其像，白眼珠鸭蛋青，黑眼珠棋子黑，定神时如清水，闪动时像星星。浑身上下，头是头，脚是脚。头发滑溜溜的，衣服格挣挣的。”这样的小英子，这样的纯情少女，谁不喜欢呢。形容明子在场上扬鞭打号子，小英子是怎么夸的呢？“一十三省数第一！”也许并不是夸他的嗓子好。一十三省数第一，这句话几乎是唱出来的，隐着快乐和自豪。

小说正是有这些精细而传神的描写和准确而带有乡俗的诗意叙事，才构成一部成功作品的内核。

——人物对话中隐藏的内含。

可以照录一段对话，来欣赏轻音乐般的汪氏语言，那是明海受戒以后，小英子去善因寺看他，隔着一条护城河，小英子喊道：

“明子！”

“小英子！”

“你受了戒啦？”

“受了。”

“疼吗？”

“疼。”

“现在还疼吗？”

“现在疼过去了。”

“你哪天回去？”

“后天。”

“上午？下午？”

“下午。”

“我来接你！”

“好！”

……

这段对话里，含有太多的内含，太多的韵味，太多的情感，而且干净、利落，没有一个多余的字，标点也恰到好处（从标点上能感受到他们的口气），仿佛两个孩子的对话就在身边，刚刚结束，或者，刚刚开始。这分明是两个凡心未脱的孩子，又分明看出两个孩子的心地。

对话是这篇小说最出彩的部分，有四段对话，都发生在小英子和明海之间，堪称经典。不仅对话本身经典，也包含了对故事的推进。一段是舅舅带了明子到“一个河边”，明子上船后，有人跟他说话：“是你要到荸荠庵当和尚吗？”明子点点头。说话的正是小英子。这是二人初次接触，小英子对他很好，还扔给他半个莲蓬。第二段是明海要到善因寺去受戒，小英子准备划船送他。这段对话，小英子是快乐的，她好奇地想知道明子为什么要受戒，疼不疼。在小英子得到满意的答复之后，她的反应是“兴奋得很”。第三段便是上述引用的部分，小英子充满对明海的关心，而且自己也做了精细的打扮，“穿了一件细白夏布上衣，下边是黑洋纱的裤子，赤脚穿了一双龙须草的细草鞋，头上一边插着一朵栀子花，一边插着一朵石榴花”。小英子就是这样一身美丽的装束，隔着河大声和明海说话的。第四段小英子接了明海回荸荠庵的的途中，二人在船上，一人把桨，一人扳艄。这段对话更为绝妙，也提升了全篇，小英子先打听受戒时的趣闻，进而打听善因寺石桥方丈：“说他的方丈比小姐的绣房还讲究？”明海不仅回答说讲究，还用充满羡慕的口气说“什么东西都是绣花的”。最为关键在这一句，小英子问：“他是有一个小老婆吗？”明海回答“有一个”时，小英子又问：“才十九岁？”明海说：“听说。”小英子说：“好看吗？”明海说：“都说好看。”少女的心，到这时已经泛起涟漪了。水到渠成的，在要到那片芦花荡子时，“小英子突然把桨放下，走到船尾，趴在明子的耳朵旁边，小声地说：我给你当老婆，要不要？”

这四段对话层层推进，最后要表达的都表达了。如果没有荸荠庵大量的描写，没有关于几个和尚们的大量的介绍，仅把这四段对话相连缀，也是一篇完整的小说。完全是对话的小说，汪曾祺还真写过，那是在他去世后的第二年，发表在《北京文学》上一篇连标点在内只有136字的小说《熟人》，通篇只是两个人的对话。这篇小说的奇妙之处是，对话二人每句话里都试图打探出对方是谁，可都没有直接问。到了最后，实在没招了，才来一句：“你是谁？我不认识你。”像《熟人》这样的小说，是不需要用“闲笔”来做介绍和铺垫的。但《受戒》不行，如果只把那四段对话连缀成一个短篇小说，当然也成立，那样的话，一个小和尚和一个乡村少女美丽的水晶般透明的爱情，就显得轻浮，显得不合情理，显得没有依据，没有了根须。正是那一大堆看似“闲笔”的介绍，才让两个少年的爱情那么合乎情理，那么美妙绝伦。

在汪曾祺的小说中，有完整故事的小说并不多。而这篇《受戒》的故事隐藏在那么多“闲笔”中，更是别出心裁，让人难忘。特别是小说那么多的“枝蔓”，其实都是有意义有谋划的，看似信笔写去，毫无节制，最后却另有深意，让人会心。难能可贵的是这些“枝蔓”是如此的准确传神，加上人物对话中的隐藏的内含，还有穿插其中的乡俗描写，这些都构成了小说的诗意叙事。

2007年5月26日于东胜神洲花果山下

# 《大唐三藏取经诗话》

鲁迅先生在1932年自编一本《二心集》，由上海合众书店印行，书中收入一篇不太引人注意的文章，《关于〈唐三藏取经诗话〉的版本》。这篇文章是鲁迅先生以寄给开明书店中学生杂志一封信的形式发表在《中学生》杂志上的，鲁迅很谦虚地谈了对“诗话”版本的认识和对作者的存疑。

众所周知，由于《西游记》和连云港花果山的关系，对有关的资料，我素来有兴趣。鲁迅先生的这封信，我是老早就注意到了，常常找出来看看，居然读出了一些别样的意味来。鲁迅在写《中国小说史略》时，疑《唐三藏取经诗话》的作者为元椠，但国学大师王国维早在1915年影印出版《唐三藏取经诗话》所写的序言中，就考证说：“宋椠《大唐三藏取经诗话》三卷，……卷末有‘中瓦子张家印’款一行，中瓦子为宋临安府街名，倡优剧场之所在也。”因此，断定其为宋椠。但是，鲁迅对王国维以地名考证的结论，并不太服气，他说：“考证固不可荒唐，而亦不宜墨守，……也不专以地名定时代，如我生于绍兴，然而并非南宋人，因为许多地名，是不随时代而改的。”“所以倘无积极的确证，《唐三藏取经诗话》似乎还可怀疑为元椠。”郑振铎在《宋人话本》中，关于《唐三藏取经诗话》一段，简要说明了王国维和鲁迅的这段争论，并肯定了王国维的结论。鲁迅写给《中学生》的信，就是由此引出的，他对郑振铎“于唾弃中，仍寓代为遮羞的美意，是我万分惭而感的”。

我们知道，《西游记》里，唐僧的原型和取经故事，起因于唐朝高僧玄奘到印度求法取经这一历史上的真实事件。但是在《西游记》成书之前，唐僧取经的故事已经在民间广为传颂了。民间传说的一般规律是，愈传愈奇，愈传离开历史的真实性愈远，愈传神话的色彩愈浓。而且不同地区的传说往往又有自己独特的特色，虽然内容基本上大同小异，但小异之处不断扩大，不断丰富，增加了细节和描写。因此，数百年之后，这个故事就有了宋代人说书的底本《大唐三藏取经诗话》。可惜该书在我国久已失传，后在日本发现，系小字巾箱本，缺卷上第一页及卷中第二、三页。卷末有“中瓦子张家印”一行字。国学大师王国维就是根据这一款印，考证“中瓦子”为南宋临安府的街名，“张家”为书铺的牌号。同时，日本又发现《大唐三藏法师取经记》的大字残本，内容与小字巾箱本同，但残缺更多。著名目录学家孙楷第在《中国通俗小说书目》里说，“一九一六年罗振玉影印本”，“一九二五年商务印书馆排印本”，并考证出两种书均“旧藏日本高山寺”。胡光舟所著《吴承恩和西游记》也说：“这两种本子在我国都有了影印本，一九五四年，中国古典文学出版社以小字影印本为底本，参校大字影印本，出版了铅字本。”

《大唐三藏取经诗话》可以说是《西游记》见诸文字的最早雏形。这里的所谓诗话，即是书中有“诗”有“话”之意，和通常的诗话如《诗人玉屑》《麓堂诗话》《四溟诗话》等有着本质上的区别。《吴承恩和西游记》里对这种"诗话"作这样的裁定，"宋元话本'入话'之时，一般都有诗词作引子，讲说过程中，也常引用诗词对人物事件进行评论。《大唐三藏取经诗话》里的诗，虽然也是中国传统的诗歌形式七言绝句一类，但究其内容，则近似于佛教的偈赞。话文也和佛经的形式近似。因此，它的体裁与晚唐五代流行民间的'讲唱经文'的'俗讲'相类似，是这一形式发展到宋朝的产物"。

吴承恩在创作《西游记》时，虽然淮海一带已经流传了唐僧西天取经的故事，但他必定是认真研读了《大唐三藏取经诗话》的，就是说，在吴承恩生活的时代，该书还没有失传，甚至在民间还用淮海锣鼓广为说唱。祖籍扬州的著名学者陈汝衡在《说书小史》《宋代说书史》《说书史话》等专著中，都说到说书人早在宋、明时代就编说过"西游故事"。用今人的眼光来看，有了这个故事作"底本"，再加上花果山上的奇异风光和美丽景色，才有这部名扬中外的旷世巨著的。

其实，《大唐三藏取经诗话》只有一万六千多字，分上中下三卷，如果译成白话文，也不过一部中篇小说的容量。其内容记叙的是唐僧一行六人，在前往西天取经途中，遭遇了各种妖魔鬼怪的折磨。情节虽然离奇，但并不曲折，宣扬的是佛法无边、化凶为吉的宗旨。而且该"诗话"文字也不够生动，甚至呆板，缺少细节描写和人物刻画，从文学艺术的角度去审视，应该是一部很粗糙的作品。全书分十七节，每节文字多的千余字，少的不满一百字。由于第一节缺，所以不知道它是怎样描写唐僧出身和西行缘起的。第二节开始时，已经是"僧行六人，当日起程"了。取经途中的国度有树人国、鬼子母国、女人国、沉香国、波罗国等七八国，受难的地方也不过香山寺、狮子林、长坑大蛇林等八九处。少数地方如长坑大蛇林、深沙神处等，和《西游记》有关章节相类似，特别是第十节《经过女人国处》，讲述的是女王想和唐僧成婚并让他做国王的故事，《西游记》里的描写，明显和它有着渊源关系。另外第十一节，写王母池的仙桃树“三千年始生，三千年方见一花，万年结一子，子万年始熟。若人吃一颗，享年三千岁”。又如仙桃状如孩儿，“面带青色，爪似鹰鹞，开口露牙”，这与《西游记》里五观庄里的人生果十分相象。更有意思的是，《西游记》里的主要人物孙悟空、沙和尚、猪八戒，在该书里已经有了原型，孙悟空的前身是猴行者，他和唐僧见面时作揖自称：“我是花果山紫云洞八万四千铜头铁额猕猴王。我今来助和尚取经。此去百万程途，经过三十六国，多有祸难之处。”这和《西游记》里孙悟空的身份十分相似，而且“花果山”一词，要早于《西游记》很多年就出现了。这个信息非常重要，并不是《西游记》的作者吴承恩首先发现并使用“花果山”，他也不过是造搬了别人现成的东西。《西游记》里另一个重要人物沙和尚，该“诗话”里也有其前身，他的名字叫深沙神。猪八戒也在该书的后半部出现。

2004 年 11 月 1 日初稿，2006 年 5 月 12 日修订

# 编后记

这是一本关于读书的小集。书中大部分文章是近年所写。

前几年，出版一本《诗书人生俞平伯》的长篇随笔，书出版后，意犹未尽，趁兴又写了五篇关于俞平伯的短文，想在再版时加进去。目前再版无期，先把这几篇文章收在这本集子中。另外还有几篇关于朱自清的随笔，也是我研读朱自清的一点收获。集中收录较多的还有关于汪曾祺的几篇短文。汪曾祺也是我喜欢的作家。

我在文学上稍有点成就的是小说，长、中、短篇小说发表很多，越来越觉得，小说太费时，太累心，再有突破也很艰难。每每在写作累了的时候，便停下一段时间，想想，发发呆，读读闲书，歇歇脑子。这里的闲书是指小说以外的书，并非是对这类书不重视，书而能闲，也是要大境界的。而这类书，我比较喜欢的是20世纪二三十年代涌现出来的一批文化人的年谱和日记，积攒了很多。从这些年谱和日记中，能看出那一代人的交往和处事。读多了，便有自己的感想，随手会写几篇。写这类文章我并不擅长，不善评论和抒情，近似于“书话”。

这本书在编排上，分上下两卷，也没有特别的意义，上卷更侧重于书人书事，下卷则是对一本书的简评。

2016 年 6 月 25 日写于海州河南庄